함께 사는 세상 만들기

Learning to Live Together

다 문 화 시 대 의 　 국 제 이 해 교 육

함 께 　 사 는
세 상 　 만 들 기

Learning to Live Together

유네스코 아시아태평양 국제이해교육원 편

일조각

발간사

이 책은 고등학생을 위한 국제이해교육에 활용할 수 있도록 만든 교재입니다. 이 교재는 국제이해교육의 교육 과정에 따라 다섯 개의 대단원으로 구성되어 있고, 각 단원은 문화 간 이해를 통해서 세계화 문제나 인권, 평화, 지속 가능한 발전의 가치관을 배울 수 있도록 짜여졌습니다.

세계적인 석학들과 전문가들로 구성된 유네스코 21세기 세계 교육 위원회는 「들로르 보고서」에서 '함께 살기 위한 교육'을 21세기 교육의 핵심 과제로 제시하였습니다. 지구화와 정보화, 자유로운 인적 · 물적 이동으로, 여러 민족, 문화가 함께 모여 사는 다민족 · 다문화 사회가 형성되면서, 함께 사는 것을 가르치고 배우는 국제이해교육의 필요성이 더욱 높아지고 있습니다. 국제이해교육은 이미 유엔과 유네스코를 통해 모든 나라에서 중요하게 추진되고 있는 범세계적인 교육 운동입니다.

이러한 세계적인 추세에 발맞추어 우리나라에서도 제7차 교육 과정에 국제이해교육을 창의적 재량 학습 과목의 하나로 채택하게 되었습니다. 이제는 국제이해교육이 하나의 독립된 학습 과목으로 설 수 있게 되었고, 더불어 전문 교사와 교재, 교육 자료들이 필요한 상황에 이르렀습니다. 그러나 아직까지 국제이해교육에 관한 구체적인 지침이나 적합한 교재가 많지 않아서, 재량 학습 과목으로 선택한 학교에서도 무엇을 어떻게 가르쳐야 할지 막연함을 느끼는 경우가 많습니다. 또한 국제이해교육이란 것이 너무나 광범위하고 다양한 것이어서 어느 과목에나 접목시킬 수 있는 것이고, 무한한 내용을 갖는 것이기 때문에 어디에서 시작해 어떻게 진행시켜야 할지 종잡을 수 없는 과목처럼 느껴지기도 합니다.

유네스코 아시아태평양 국제이해교육원에서는 이러한 시대적 요구에 부응해 국제이해교육을 가르치는 교사와 배우고자 하는 고등학생들에게 도움을 주기 위하여 고등학생을 위한 국제이해교육 교재를 출간하게 되었습니다. 우리 교육원은 아시아 · 태평양 지역의 45개 나라들과 함께 국제이해교육을 학교와 시민 사회에서 강화하고 발전시킬 책임을 부여받았기 때문에, 여러 가지 국제 회의와 연수 과정, 전문가 협의회 등을 통해 이 과목의 교육 내용과 교과 과정에 대한 그림을 그려 보는 노력을 부단히 전개하고 있습니다.

우리 교육원은 국내외 여러 전문가들과 함께 많은 토론을 거쳐 국제이해교육의 기본 골격을 ① 문화 간 이해, ② 세계화, ③ 인권, ④ 평화, ⑤ 지속 가능한 발전의 다섯 가지로 정했으며, 이를 바탕으로 초 · 중 · 고등학교 국제이해교육 교육 과정을 개발했습니다. 우리 교육원은 앞으로 수년간 이러한 토대 위에서 교육 자료나 수업 모형 등을 개발해 보려고 합니다. 이번에 발간되는 교재 『함께 사는 세상 만들기』도 이러한 노력의 한 결실입니다. 이 책이 세계화 시대의 사회 구조와 문제들을 파악하고, 함께 살 수 있는 가치관과 태도를 길러 주는 데 크게 도움이 될 수 있기를 바랍니다.

교재 개발을 위해 헌신적으로 참여해 주신 한경구 교수님을 비롯한 연구위원과 자문위원들 그리고 초고를 읽고 검토해 주신 일선 교사들께도 진심으로 감사를 드립니다. 또한 훌륭한 책이 되도록 애써 주신 일조각 한만년 사장님께도 감사의 뜻을 표하며, 이 책의 기획 · 편집을 맡은 우리 교육원의 김종훈 교재편찬실장의 수고도 잊지 않으려 합니다.

2003년 12월 30일

__유네스코 아시아태평양 국제이해교육원

원장 이삼열

머리말

이 책은 수많은 사람들의 지혜와 감수성의 결정체이다. 고등학교에서 사용할 수 있는 국제이해교육 교재를 개발하자는 기획 회의가 처음 열렸을 때만 해도 이렇게 새로운 개념의 책을 만들리라고는 아무도 예상하지 못했다.

차례를 훑어보면 다섯 개의 대단원이, 문화 간 이해, 세계화, 인권, 평화, 지속 가능한 발전 등 국제이해교육의 다섯 개 기본 영역에 대응하고 있다. 그러나 전통적인 교과서처럼 각 영역의 주요 내용을 골고루 다루기보다는 소수의 주제만을 선택하였다. 이러한 과감한 시도는 핵심에 집중함으로써 학생들이 흥미를 느끼고 더욱 심화된 학습을 하리라는 기획위원들의 기대와 숙고의 결과이다. 예를 들어 지속 가능한 발전의 경우, 음식에 대한 이야기 한 가지를 통해서 단원의 핵심적 내용을 이해하고 다른 주제들과 연관시킬 수 있도록 하였다.

기획 단계에서 특히 고민한 것은 어떠한 상황에서라도 커다란 교육 효과를 거둘 수 있도록 교재가 구성되어야 한다는 점이었다. 국제이해교육이 각 학교의 실정과 담당 교사에 따라 매우 다양하게 편성되고 운영될 것이기 때문이다. 그 결과 대단원은 다섯 개로 구성을 하되, 각 단원 모두 학생들이 가장 흥미를 가지고 있는 '타문화 이해'와 관련된 학습 활동으로 구성하였다. 또한 소단원들도 서로 느슨하게 연계되어 있으면서 각각 독립성을 갖도록 구성하였다.

한편 국제이해교육의 목표는 단순한 지식의 전달과 기술의 습득을 넘어 사고와 행동의 변화를 가져오려 한다는 점을 특징으로 하고 있다. 따라서 교과서도 이에 적합한 방식으로 구성하고자 하였다. 나아가 학생들의 창의적 사고와 비판적 사고, 문제 해결 능력, 참여와 협력, 갈등 해결과 의사 소통 능력을 향상시키는 데 기여하고자 하였다. 여기에는 국제이해교육이 한국 교육에 바람직한 질적 변화를 가져오리라는 소망과 기대도 담겨 있다.

이러한 시도가 심사숙고의 결과이기는 하지만 매우 새로운 접근이었기에 약간의 불안감도 있었다. 그러나 초고가 완성될 무렵, 일본 국제이해교육학회 연차 대회에서 이루어졌던 홋카이도 교육대학의 오쓰 가즈코(大津和子) 교수와의 만남은 우리를 크게 고무시켰다. 고등학교 사회과 교사 시절, 바나나 하나를 가지고 국제 무역과 교역 조건, 플랜테이션과 지역 사회, 환경 문제 등 수많은 주제들을 다루면서 학생들의 흥미와 이해를 이끌어 냈던 이야기는 이번 기획의 타당성을 경험적으로 뒷받침하는 것이기도 했다.

이 책은 처음부터 끝까지 읽어도 좋지만, 학교 실정에 따라 교사와 학생들이 가장 흥미를 느끼는 단원을 선택하여 학습해도 좋다. 학생들의 비판적 사고와 참여를 이끌어 낼 수만 있다면 어느 단원을 학습하더라도 국제이해교육의 핵심 내용은 전달되리라 믿는다. 특히 교사와 학생들이 창의력을 발휘하여 스스로 새로운 단원이나 학습 활동을 구성할 것을 기대한다. 이 책의 열린 체계는 그러한 활동을 권장하고 있다.

이 책의 편찬은 유네스코 아시아태평양 국제이해교육원의 이삼열 원장님, 한국국제이해교육학회의 정두용 부회장님을 비롯한 각 분야의 전문가와 현장에 계신 선생님들의 헌신적인 노력과 도움으로 이루어졌다. 참여하신 모든 분들께 깊이 감사드린다. 특히 이루 말할 수 없이 빠듯한 일정을 소화하여 예쁜 책을 만들어 주신 일조각과 유네스코 아시아태평양 국제이해교육원의 김종훈 교재편찬실장께 감사를 드린다.

_교재개발위원장 한경구

국민대학교 국제학부 교수(문화인류학), 한국국제이해교육학회 부회장

차례

V 음식 문화와 지속 가능한 발전

I 살아 있는 문화, 움직이는 문화

한 사회나 집단이 공유한 문화가 사람들의 이동과 함께 민족과 국가의 경계를 넘어 퍼져 나가고 있다.
오늘날 전 지구화 또는 세계화라 불리는 '글로벌리제이션'(globalization) 추세는
세계 각지의 문화가 서로 만나 영향을 주는 환경을 만들어 내고 있다.
정보 통신 및 대량 수송 기술의 발달은 전 세계를 더욱 빠른 시간에 이동할 수 있는 공간으로 압축시켰다.
상품뿐만 아니라 각종 정보 지식, 자본과 사람들이 국경을 넘어 자유롭게 이동하는 세상이 되었고,
그 결과 서로 다른 문화들이 만나 영향을 주고받게 된 것이다.
이러한 상황에서 현대 문화는 그 어느 때보다 역동성을 띠게 되었다.
'살아서 움직이는' 문화의 속성이 두드러지게 나타난 것이다. 문화는 늘 변화한다.
특히 오늘날처럼 세계화의 큰 흐름이 문화를 주도하고 있는 상황에서 문화는 다른 문화와의 만남을 통해
더욱 빨리 변화하고 있다. 세계화 속에서 문화는 어떤 변화를 겪고 있는지 살펴보자.

✛ '살아서 움직이는' 문화의 속성에 대해 생각해 보고, 여러 문화가 뒤섞여 있는 오늘날의 문화적 환경을 이해한다.

✛ 낯선 문화를 이해하는 문화적 감수성의 계발을 통해, 문화 상대주의적 태도를 익히고, 익숙한 우리 문화를 새롭게 바라보고 객관적으로 이해하는 관점을 기른다.

✛ 세계화와 더불어 살아서 움직이는 문화가 앞으로 어떻게 변화해 갈 것인지를 생각해 보고 이에 대비하는 안목을 기른다.

나는 아프리카 현지에서 처음으로 아프리카인의 춤과 음악을 접한다는 기대에 차 있었다. 비디오 카메라와 사진기를 준비하였다.
그러나 예상치 않은 일이 벌어졌다. 집에서 카세트를 들고 나온 할머니는 음악을 틀고 천천히 춤을 추기 시작했다.
요루바(Yoruba) 민족의 북소리와 전통 춤을 기대했던 나는 한동안 당황할 수밖에 없었다.
내가 상상해 왔던 대로 아프리카 음악에 맞춰 격정적인 춤을 추는 것이 아니라 마이클 잭슨의 '빌리 진'(Billie Jean) 노래에 맞춰 춤을 추는 것이었다.
인류학자인 나 역시 아프리카 문화에 대해 잘못된 편견을 갖고 있었다는 것을 깨닫는 순간이었다.
__아프리카를 연구하는 인류학자의 현지 조사 일기 중에서

01 문화의 세계화

 이 단원에서는

✚ 세계화와 더불어 일어나는 서구 문화의 확산이 다른 사회의 개별 문화들에 어떤 영향을 주고 있는지 살펴본다.

✚ 세계화와 관련된 문화의 변동 과정에서 비서구 사회의 문화들이 어떤 기여를 하고 있는지 알아본다.

✚ 최근의 문화 현상은 어떠한 특징을 지니고 있는지 관찰하고, 서로 다른 문화를 이해하고 비교할 수 있는 능력을 키운다.

✚ 일상생활에서 전통 문화와 외래 문화가 어떻게 혼합되어 변화하고 있는가를 알아본다.

전 세계가 서로 연결되어 문화를 주고받는 상황은 아프리카의 농촌 마을 할머니마저 마이클 잭슨의 노래에 맞춰 춤을 추는 시대를 만들었다. 우리 사회도 이러한 추세에서 벗어나 있지 않다. 도시마다 젊은이들이 즐겨 찾

문화들 간의 교류는 점점 활발히 이루어지고 있다.

는 거리가 있는데, 이곳에서는 수많은 젊은이들이 외국 상표의 청바지를 입고 콜라를 마시며 팝 음악을 듣고 있는 모습을 쉽게 찾아볼 수 있다. 어린이들은 영어를 배우기 위해 유치원에서부터 영어를 공부하며, 사람들은 할리우드와 동시에 개봉되는 미국 영화나 유럽의 예술 영화들을 화제로 삼는다. 주위에서 많이 보이는 염색한 머리나 사람들의 다양한 자기 표현은 과거와는 다른 한국 사회의 모습을 보여 준다. 헤아릴 수 없이 많은 '외래' 요소들이 이미 한국 문화 속으로 들어와 있고 오히려 이제 한국적인 것의 일부가 되어 있기도 하다.

'그들 때문에 우리도 변화하고 우리 때문에 그들도 변화하는' 가능성이 인류 역사상 그 어느 때보다 크다. 전 세계를 경제적으로 하나로 묶는 세계 체제는 인터넷, 위성 통신 등 정보 통신 기술의 급격한 발전과 더불어 인류 문화에 새로운 변화 가능성을 마련하고 있다. 이러한 상황에서 문화 간의 이해는 우리의 삶 혹은 삶의 조건과 직접 연관되는 매우 중요하고 시급한 주제이다.

미국 샌프란시스코에서 신문 기자로 일하고 있는 한국계 2세 그레이스는 자신이 경험한 서울 생활이 애초에 기대했던 전통적인 한국 문화와는 거리가 멀다는 것을 깨달았다. 아시아 지역 전문가로서 자신을 계발하기 위해 부모님의 모국을 방문했지만, 실제 서울에서 그녀가 경험한 일상생활은 어떤 점에서는 샌프란시스코에서의 삶과 크게 다르지 않았다. 한국에 머무르

우리나라에서도 외국 브랜드의
음식 체인점을 쉽게 볼 수 있다.

는 동안, 그녀는 회원으로 가입되어 있는 샌프란시스코의 피트니스 클럽(Fitness Club)과 같은 체인점인 명동의 한 클럽에서 기존의 회원 카드로 운동을 할 수 있었다. 운동을 마친 후 건너편에 있는 식당에서 좋아하는 이탈리아식 파스타 요리와 샐러드를 먹고, 여러 나라에 체인점이 있는 카페에서 미국과 똑같은 맛과 향기의 커피를 마셨다. 매장의 소모품과 의자는 미국에서 즐겨 다니던 카페와 똑같았다. 일상에서 필요한 물건들 역시 미국에서 쓰던 상품들을 그대로 구할 수 있었다. 사귀는 친구들도 영어를 배울 겸 그녀에게는 늘 영어로 말을 걸어 왔다. 길에서 부딪치는 젊은이들의 행동과 몸짓, 옷차림이나 각양각색의 염색 머리는 자신이 늘 부모님에게 들어 왔던 한국인과 한국 문화의 모습과는 다른 것들이었다.

함 께 해 보 기
● 세계화와 함께 변화하고 있는 우리 주변의 문화를 찾아보자. 청소년들이 애용하는 음식점이나 상품, 패션, 그리고 우리 주변의 거리 풍경에서 현대 한국 문화의 변화된 특징들을 찾아보고 변화의 원인에 대해 토론해 보자.

● '한국은 지금' 또는 '우리 고장은 지금' 이라는 주제로 문화 소식지를 제작해 보자.

문 화 의 세 계 화

파리에서는 아르헨티나의 탱고를 추고 로스앤젤레스에서는 쿠바의 살사를 춘다. 맥도날드사는 베이징에서 햄버거를 팔고 중국의 광동 요리는 런던의 소호 거리에서 팔린다. 선(禪)을 이용한 궁도(弓道)가 게르만족의 정신을 뒤흔들고 파리의 바게트 빵은 서아프리카를 정복했다. 인도 봄베이에서는 위성 중계로 교황의 모습을 보고 필리핀에서는 생중계되는 영국 왕세자빈이었던 다이애나의 장례식을 보며 운다. ___바르니에(Warnier, J.), 『문화의 세계화』

'100퍼센트 한국인'은 과연 있는가

당신은 한국인(한국 민족)인가? 100퍼센트 한국인인가? 한국인을 규정하는 요소에는 혈통의 순수성뿐 아니라 한국 문화를 얼마나 공유하고 있는지의 여부도 포함된다. 세계화와 더불어 변화된 한국인의 생활을 관찰해 보자.

함 께 해 보 기
- 당신의 삶은 '한국 문화'와 얼마나 가까운가? 다음 자료를 참고해서 자신의 하루 일과를 기록해 보자.
- 지구촌 시대를 살아가는 한국인으로서 '나의 정체성'이라는 주제로 에세이를 써서 발표해 보자.

100퍼센트 미국인

새벽에 잠자리에서 일어난 이 미국인(미국주의를 신봉하고 미국의 전통을 보존하려는 애국자)은 자기가 파자마를 입고 잔 것을 발견했는데, 파자마는 원래 동부 인도에서 기원했으며, 잠을 잔 침대는 페르시아나 소아시아에서 유래된 것이다. 만일 비가 올 것 같으면 고무로 된 덧신을 신는데, 덧신의 원료인 고무는 고대 멕시코인들이 발견한 것이다. 또 우산을 들고 나서려고 하는데, 우산은 원래 인도에서 발명된 것이다. 기차를 타려고 기차역으로 가는데, 기차는 영국인의 발명품이다. 기차역에서 동전을 사용하여 신문을 사려고 잠시 멈추는데, 동전은 고대 리디아(Lydia)인이 발명한 것이다. 기차를 타고 좌석에 기댄 채 담배 한 대를 피우려고 하는데, 담배는 원래 멕시코에서 발명된 것이며, 시가(cigar)는 브라질에서 발명된 것이다. 그가 산 신문의 글자는 셈족(Semites) 사람들이 발명한 것이고, 금속 활자는 독일인이 발명한 것이며(주 : 금속 활자는 이보다 200년 전 한국에서 발명되었으나 전 세계적인 영향력이 약했던 탓에 여전히 독일의 발명품으로 알려져 있다. 이 글이 쓰인 1937년에는 물론 한국의 금속 활자는 서구인들에게 알려지지 않았다), 신문의 재료인 종이는 원래 중국인이 발명한 것이다. 외국 사상을 수용함으로써 생기는 결과를 지적하는 신문 사설을 읽을 때, 그는 인도유럽어로 히브리 신에게 그가 '100퍼센트 미국인'임을 감사하는 것을 잊지 않을 것이다(이때 '100퍼센트'에 쓰이는 십진법은 그리스 사람들의 발명품이며, '아메리카'라는 말은 이탈리아의 지리학자인 아메리고 베스푸치(Amerigo Vespucci)의 이름에서 온 것이다).

_린턴(Linton, R.), "One Hundred Percent American"

'문화'라는 단어에서 가장 먼저 연상되는 것은 음악, 미술 같은 예술이나 문학이다. 실제로 '문화 상품권'에 담겨 있는 문화라는 용어의 개념이 그러하다. 그러나 우리가 한국 문화나 미국 문화라고 말할 때는 문학과 예술보다 더 넓은 의미로 문화라는 용어를 사용하고 있다.

함 께 해 보 기

● '교통 문화를 확립합시다!', '문화 상품권', '문화인의 긍지'와 같은 다양한 표현들에 담겨 있는 문화의 뜻에 대해 토론해 보자. 아프리카에는 문화가 없다는 말이나 미개한 문화라는 말이 가능한 것일까?

● '우리 가정의 문화'라는 제목으로 에세이를 써서 발표해 보고 친구들 가정의 문화와 비교해 보자.

문 화 의 다 양 한 정 의

문화 인류학자인 크로버와 클룩혼은 1952년에 다양하게 정의되는 문화의 개념들을 모두 정리해 보았다. 이들은 타일러가 1871년에 정의한 개념에서부터 시작해 1952년까지 인류학자들이 정의한 500여 개의 문화 개념들을 정리해서 175개의 서로 다른 정의를 찾아 냈다.

✚ "지식, 신앙, 예술, 법률, 도덕, 관습 그리고 사회 구성원으로서의 인간이 가진 모든 능력 이나 관습을 포함하는 복합적인 총체."_타일러(Tylor, E.B.)

✚ "어떤 특정한 사회의 구성원이 공유하거나 그 사회에 전승되는 지식과 태도 및 습관적인 행동 기반의 총체."_린턴(Linton, R.)

✚ "인간의 생활을 위해 역사적으로 창조된 설계로서, 명확하든 명확하지 않든, 합리적이든 합리적이지 않든 간에 어떤 주어진 기간에 인간의 잠재적인 행동 규범을 위해 존재하는 것."_클룩혼(Kluckhohn, C.)과 켈리(Kelly, W.H.)

✚ "대부분은 배우고 전승되는 자동 반사, 습관, 기술, 사상 그리고 행동을 유도하는 가치관 을 말한다."_크로버(Kroeber, A.)

✚ "인간이 만들어 낸 환경의 일부."_헤스코비츠(Herskovits, M.J.)

✚ "문화는 의미의 망으로 이루어져 있으며 상징 형식으로 표현된다. 인간과 문화의 관계는 거미와 거미줄의 관계와 같다."_기어츠(Geertz, C.)

✚ "살림살이의 꼴이나 솜씨. 개인이면 개인, 집단이면 집단, 민족, 국민이 그 생활을 경영하 고 유지하며 발전시켜 가는 과정에서 사용한 방법, 작성한 양식, 재료를 이용하는 기술, 가 치를 건설한 능력."_최남선

문 화 의 속 성

문화는 환경과 시대에 따라 다양하게 표현되고 실천되어 왔다. 따라서 문화의 개념을 정의하고 그 정의에 따라 문화를 규정하는 것뿐만 아니라 다양하게 표현되는 문화의 속성들을 살펴보는 것이 중요하다.

1 문화는 배우는 것이다

외국에서 한국인 부모 사이에서 태어나 자란 아이는 생물학적으로는 한국인과 동일한 특징들을 공유하고 있지만 생각하는 법이나 행동에서는 한국인과 다른 특성을 보여 준다. 자신이 자란 사회의 문화를 갖고 있기 때문이다. 실제로 『정글북』과 같은 소설에 등장하는 주인공처럼 동물들과 살아 온 사람은 생물학적으로는 인간이지만 인간과는 전혀 다른 행동을 한다. 인도 벵골의 정글에서 1920년에 발견된 카말라(Kamala)라는 여자 아이는 여덟 살에서 열네 살 전후로 추정되었는데, 표정이나 행동에서 전혀 사람의 모습을 보여 주지 않았다. 어렸을 때 늑대에게 잡혀가서 늑대와 함께 성장한 카말라는 문화를 배울 기회가 없었기 때문에 '사람다운' 모습을 전혀 보여 주지 않은 것이다. 마찬가지로 서로 다른 문화에서 태어나 성장한 사람들은 각자 자신이 속한 문화를 배워 나가는 '문화화' 과정을 거치기 때문에 서로 다른 문화를 갖게 되는 것이다.

2 문화는 공유하는 것이다

문화는 한 사회의 성원들이 함께 공유하는 것이다. 한 문화에 속한 사람들은 자신들이 문화화 과정을 통해 배운 문화를 무의식적으로 공유하며 생활한다. 따라서 문화는 개인이 만들어 낸 것도 아니며, 개인의 소유도 아니다. 집단적으로 가치와 의미, 감정, 사고방식, 습관, 미에 대한 감각, 역사 경험 등을 함께 공유하고 있는 것이다. 문화는 개인을 포함하지만 또한 개인을 초월하는 것이다.

3 문화는 변한다

모든 문화는 고정되어 있는 것이 아니라 시간이 흐르면서 변하게 된다. 흐르는 강물이 늘 일정한 것처럼 보이지만 사실은 항상 변하고 있는 것과 마찬가지다. 한국 문화를 예로 들면 조

응원 문화를 '공유'하는 축구 팬들

선 시대의 문화와 오늘날의 문화는 전혀 다른 문화인 것처럼 보일 정도로 많이 변했다. 부모님이 늘 "우리 때는 안 그랬다."라고 말하는 이유는 그만큼 문화가 변했기 때문이다.

문화는 항상 변하기 때문에 사람들은 때로 변하지 않는 문화적 전통을 강조하기도 한다. '전통 문화'라는 표현에서도 알 수 있듯이 아주 오래 전부터 변치 않고 내려온 문화적 전통이 실제로 존재한다고 생각한다. 그러나 전통이라고 알려져 있는 것들 중에는 실제로 사람들에게 새롭게 해석되어 변형되거나 때로는 만들어진 것도 많다. 영국 스코틀랜드 문화의 전통으로 유명한 격자무늬 천인 킬트(kilt)도 실제로는 스코틀랜드의 전통 문화가 아니라 후대에 만들어진 것이라는 사실을 영국의 역사학자들이 밝혀 내기도 했다.

4 문화는 여러 부분이 모여 전체를 이루고 있다

문화의 다양한 요소들은 각기 따로 존재하는 것이 아니라 체계를 이루어 전체를 나타내고 있다. 음식이나 의복, 주거 양식 같은 문화 요소들은 서로 연결되어 있다. 혼인이나 장례 같은 다양한 통과 의례는 한국 문화의 삶과 죽음에 대한 관념, 종교적 믿음, 세계관과 연결되어 있다. 종교와 같은 관념적 문화 요소들이 실제 주거 양식과 같은 물질 문화와도 서로 연결되어 있음은 장례식의 변화를 보면 알 수 있다. 전통적으로 집에서 장례를 치르는 한국 문화가 이제는 병원 영안실에서 장례를 치르는 것으로 변했다. 단독 주택보다는 아파트 같은 공동 주거 형태로 변화된 주거 문화가 장례식 같은 의례 문화를 변하게 한 것이다. 따라서 문화는 어느 한 요소만 떼어 놓고 이해할 수 없는 것임을 알 수 있다.

문 화 의 차 이 알 아 보 기

미국에서 태어나 살다가 부모님을 따라 한국으로 이주한 유진은 낯선 학교 환경에 적응하느라 여러 가지 어려움을 겪었다. 한번은 준비물을 제대로 챙기지 못해 선생님에게 야단을 맞았다. 유진은 진지하게 선생님의 꾸중을 들었다. 그러나 선생님은 그러한 유진의 태도 때문에 더욱 화를 냈다. 유진은 선생님의 두 눈을 똑바로 쳐다보고 있었던 것이다. 유진과 선생님은 서로의 행동을 어떻게 이해했을까? 왜 유진은 선생님의 두 눈을 똑바로 쳐다보았을까?

함 께 해 보 기 ● 외국(한 나라 선택)의 친구를 만나 함께 일을 해야 할 경우 지켜야 할 예절을 역할극으로 꾸며 보자. (음식, 인사, 남녀간의 예의, 윗사람에 대한 예의 등)
● 세계 여러 나라의 지역 축제 사례를 통해 문화의 차이를 알아보자.

문화 차이란

문화의 차이는 때로 자신들은 당연하게 생각하는 행동들에 대해 서로 전혀 다른 해석을 낳게 한다. 한국 문화의 경우 선생님에게 야단을 맞는 학생이 취해야 할 자세는 대개 고개를 다소 곳이 숙이고 양손을 앞에 모으는 것이다. 선생님의 권위를 인정하고 가르침을 받아들이는 표시인 것이다. 반면 미국 문화에서 선생님에게 야단맞는 학생은 선생님의 두 눈을 똑바로 쳐다보아야 한다. 선생님의 말씀을 듣고 있으며 선생님의 말씀에 동의한다는 표시인 것이다. 미국 학교에서 선생님들은 학생에게 자신과 눈을 맞추라고 지적한 후에 야단을 친다.

앞의 사례에서 유진은 미국 학교에서의 문화대로 행동한 것이다. 한국 선생님은 유진의 행동을 한국 문화의 맥락에서 이해한 것이다. 야단을 맞는 학생이 선생님의 두 눈을 똑바로 쳐다보는 것은 선생님의 권위에 저항하는 것으로 받아들인다는 사실을 알지 못했던 유진은 무심결에 선생님에게 대드는 학생이 되어 버린 것이다.

문화를 이러한 차원에서 이해해 본다면, 한국 문화나 미국 문화의 차이는 학생들이 입고 있는 옷이나 음식의 차이뿐만 아니라, 특정 상황에서 서로 다르게 행동하게 하는 행위의 규범, 즉 관념 체계의 차이도 포함한다는 것을 알 수 있다.

문화의 개념이 다양한 이유는 그만큼 문화의 표현 방식이 다양하기 때문이고, 따라서 어느 하나의 문화 개념만을 고집하기보다는 다양한 맥락에 맞는 문화의 개념을 이해하는 것이 중요하다. 다만 문화를 문명과 혼동하는 것만은 피해야 한다. 문명은 문화의 한 부분일 뿐이므로, 문명을 기준으로 문화의 유무나 발전 정도를 비교하는 것은 잘못된 태도이다.

 우 리 문 화 낯 설 게 보 기

한국 사람들은 패스트푸드 가게에서 햄버거와 감자튀김을 먹을 때, 포장지에 햄버거를 싼 채로 먹는 경우가 많다. 미국 사람들은 포장지를 모두 벗긴 후에 맨손으로 먹는다. 한국 사람들도 감자튀김을 먹을 때는 미국 사람들처럼 손으로 집어먹는다. 독일 사람들은 손에 기름을 묻히기 싫어서 나무로 만든 일회용품으로 감자튀김을 찍어 먹는다. 한국 사람들은 독특하게도 친구들과 먹을 때는 감자튀김을 한꺼번에 쟁반에 부어 놓고 함께 먹는다. 마치 밥상의 반찬을 가족이나 친지들이 나누어 먹듯이 각자 주문한 감자튀김을 여럿이 나누어 먹는 것이다. 햄버거나 감자튀김을 먹는 것과 같은 일상적 행동도 다른 문화와 비교해 보면, 왜 그러한 행동을 무의식적으로 하고 있는지 그 이유를 새롭게 볼 수 있다.

함 께 해 보 기 ● 한국 문화를 새로운 관점에서 관찰해 보자. 외국인들이 한국 문화에 대해 궁금해하는 질문을 통해 한국 문화의 특징을 토론해 보자. 아래에 예로 든 질문들은 실제 한국에서 생활하고 있는 외국인들이 제기한 것이다.

○ 왜 한국 여학생들은 서로 손을 잡거나 팔짱을 끼고 걷는가? 한국 사람들은 남자와 남자, 여자와 여자 간에 어깨동무를 하거나 손을 잡는 등 신체 접촉이 많은데, 이성 간의 신체 접촉은 공공 장소에서 금기시된다. 왜 그러한가?

○ 왜 한국 사람들은 처음 만나는 사람들에게 사적인 질문을 하는가? 많은 한국인들은 처음 만난 외국인에게 나이나 결혼 여부 등을 묻는다. 가까운 사이도 아닌데 이런 사적인 내용을 묻는 것은 사생활을 침해하는 무례한 행동이 아닌가?

신 체 접 촉 을 바 라 보 는 관 점

신체 접촉에 대한 생각은 문화마다 다르다. 한국에서 동성 친구 간에 어깨동무를 하거나 팔짱을 끼는 행위는 둘 사이의 우정을 과시하거나 확인하는 신체 접촉이다. 한국인들은 이러한 행위에서 그 밖의 다른 의미를 느끼지 못한다. 그러나 서구인들에게 동성 친구 간의 신체 접촉은 한국에서와 전혀 다른 의미로 해석된다. 손을 잡거나 팔짱을 끼고 거리를 걷는 모습은 서구인들에게 연인들이 서로 사랑을 확인하는 행동으로 이해된다. 때로 팔짱을 끼고 화장실에 같이 가는 한국의 여학생들을 서구인들은 어떻게 이해할까? 한국 문화에서 동성 간의 신체 접촉이 갖는 의미와는 전혀 다른 해석이 가능한 것이다.

사 적 인 영 역 의 차 이

사적인 영역으로 존중되는 범주는 문화마다 다양하다. 서구 문화에서 개인은 존중받아야 하는 기본적 범주이다. 부모와 자식 간의 관계에서조차도 개인의 범주, 사적인 영역은 존중받아야 한다고 생각한다. 반면에 한국 문화에서는 상대방에 대한 배려의 내용이 다르게 표현된다. 한국 문화에서 처음 만나는 사람과 인사를 할 때 늘 상대방의 나이를 알아야 하는 이유는 발달된 존대어 체계를 갖고 있는 한국어의 특징 때문이기도 하고, 나이를 기준으로 관계를 정립하는 것이 편하기 때문이다. 혼인 여부를 묻는 것은 상대방에 대한 관심의 표현이다. 만일 혼인을 하고 싶은데 아직 못 했다면, 때로는 배우자감을 소개하려 하는 것 또한 상대방에 대한 관심의 표현인 것이다. 반면에 서구인들에게는 나이나 혼인 여부 같은 사적인 질문을 던지는 것이 무례한 행동이거나 당혹스러운 경험이 되기도 한다.

낯선 문화 바라보기

문화를 생활양식의 총체나 사람들이 공유하고 있는 관념 체계로 볼 때 문화를 어떻게 이해해야 할까? 특히 자신의 문화가 아닌 낯선 문화를 올바로 이해하는 길은 무엇일까? 다른 문화를 올바로 이해하기 위해서는 열린 마음을 가져야 한다. 나와 다른 것을 발견했을 때 내가 속한 문화의 관점에서 판단하고 평가하기보다는 그 문화를 만들어 온 사람들의 관점과 맥락에서 이해해야 할 것이다. 이를 위해 필요한 것이 문화 상대주의의 관점이다.

함 께 해 보 기

● 다른 문화를 그 문화의 관점에서 이해하고 자신의 문화를 중심으로 판단해서는 안 된다는 것이 문화 상대주의의 요점이다. 문화 상대주의의 올바른 적용에 대해 토론해 보자.

● 아프리카의 티브(Tiv) 사람들은 셰익스피어의 『햄릿』을 어떻게 이해했을까? 우리가 통상 보편적이라고 믿는 가치나 윤리, 도덕이 문화의 배경에 따라 다르게 받아들여진다는 것을 생각해 본 적이 있는가? 『햄릿』은 누구나 공감하는 작품일까? 티브족 사람들이 이해한 『햄릿』을 살펴보자.

문화 상대주의란

자민족(자문화) 중심주의란 오직 자신의 시각과 기준으로 사물을 바라보는 것으로서, 자신들의 것이 아닌 (다른 사람들의) 문화를 제대로 이해하지 못하거나 이해하지 않는 것을 정당화한다. 모든 인간 집단은 정도의 차이는 있으나 대개 자민족 중심주의적인데, 이러한 자민족 중심주의는 군사력과 경제력에서 우위에 있었던 19세기의 유럽에서 절정에 달하였다. 19세기 유럽의 일반인들은 물론 가장 저명한 사회 사상가들조차도 상당수는 노골적인 자민족 중심주의자였다. 이들은 서구 문명이란, '여러 가지 문제점에도 불구하고 인류가 도달한 최고의 상태'라고 생각하였으며, '미개인의 사고'는 서구의 어린이들이나 정신 지체자의 사고 과정과 유사한 것이라 간주하였다.

인류학의 문화 상대주의는, 모든 문화가 그 문화의 규칙에 따라 삶을 영위하는 사람들의 욕구를 만족시키기에 충분하다는 견지에서 연구해야 한다는 관점이다. 만일 어떤 문화가 정말 '불충분'하다면 그 문화는 구성원들의 생존을 불가능하게 할 것이며 결국 소멸해 버릴 것이다. 예를 들어 에스키모의 문화는 그 구성원이 뉴욕에서 살 수 있도록 하기에는 적합하지 않지만, 뉴욕 시민의 문화 역시 북극 지방에서의 생존을 위해서는 불충분한 것이다. 또한 문화 상대주의는 자신의 문화 관점에서 적합하다고 보이는 것들을 기초로 하여 타 문화에 대한 도덕적 판단을 내리는 것은 부적합하다고 하고 있다.

문화 상대주의는 피부색이나 신장, 두개골 모양의 차이에도 불구하고 '인류는 하나' 라는 확신에 근거하고 있다. 즉, 세계 여러 민족 집단이 가진 인간으로서의 본성은 기본적으로 동일하다는 입장에서 출발하고 있으며, 인간의 본성은 문화와 인종에 관계없이 동일하다고 본다. 인간의 본성이 동일하다는 사실이야말로 인간의 기본적인 권리나 의무, 생명의 존엄과 가치 등에 대해 논의할 수 있는 전제 조건이 된다.

문화는 이러한 인간 본성의 진정한 표현이라고 볼 수 있는데, 인간의 본성이라는 것은 욕구나 가치, 능력의 단순한 집합이 아니라 매우 다양하며 때로는 양립할 수 없는 목표들을 포함하고 있기도 하다. 그렇기 때문에 인간의 본성이 갖고 있는 가능성은 하나의 문화로는 도저히 표현될 수 없는 것이다.

문화 상대주의의 입장에서 볼 때, 하나의 문화는 오직 인간 본성의 일부 측면만을 실현할 수 있을 뿐이며, 어떤 문화도 인간 본성의 모든 측면을 실현하고 있지는 못하다. 따라서 지구 상에 오직 하나의 문화만이 존재한다면, 인간의 다양하고 복잡한 본성은 애석하게도 단지 그 일부만이 표현될 수 있을 것이다. 이렇게 볼 때 지구상에 다양한 문화가 존재한다는 사실은 궁극적으로 모든 개인에게 더욱 풍요롭고 나은 삶의 가능성을 제시해 주는 것이며 또한 이를 실현하는 데 기여하는 것이기도 하다.

이 상 한 이 야 기 『 햄 릿 』

『햄릿』은 셰익스피어(1564~1616)의 1601년 작품으로, 사변적이고 내성적인 덴마크의 왕자 햄릿이, 아버지를 독살하고 왕위를 계승한 작은아버지에 대한 복수심과, 작은아버지와 재혼한 어머니에 대한 원망 속에서 복수를 해 나가면서 겪는 사랑과 아픔을 그렸다. 『햄릿』은 복수극의 전형으로, 비극적인 소재와 줄거리로 많은 사람들의 심금을 울렸고, 수많은 언어로 번역되어 오늘날에도 읽히는 고전이다.

미국의 인류학자 로라 보하난은 서아프리카의 나이지리아에 살고 있는 티브 사람들을 연구하기 위해 티브족과 생활하던 중 어느 날 촌장의 부탁으로 마을의 장로들에게 『햄릿』을 이야기해 주게 되었다. 그러나 보하난은 처음부터 어려움을 겪게 되었다. 억울하게 죽은 선왕이 성을 지키던 남자들 앞에 나타난 도입부에서부터 티브 사람들은 불가능한 이야기라며 질문을 하기 시작했다. 티브 사람들은, 마법사가 보낸 악령이었을 텐데 왜 성을 지키는 사람들은 죽은 선왕이라고 생각했는지 그리고 햄릿의 아버지와 왕위를 계승한 작은아버지는 같은 어머니에게서 태어난 자식이었는지 궁금해했다. 티브 사람들에게는 작은아버지가 햄릿의 아버지의 왕위를 이어받게 된 정통성을 따지기 위해 반드시 알아야 했던 정보였던 것이다. 보하난은 햄릿의 어머니가 너무 빨리 재혼을 했기 때문에 햄릿이 슬퍼했다는 사실을 이야기하려 했으나, 형이 죽으면 동생이 형수와 결혼해야 하는 티브족 사회에서는 너무나 당연하고 자연스러운 재혼이기에 햄릿의 슬픔은 전달되지 못했다. 또한 죽은 선왕의 부인이 하나였다는 사실에 티브 사람들은 놀랄 뿐이었다. 대추장이 많은 아내를 거느려 그의 밭을 매게 하고, 그 대가로 백성들을 보살펴 주는 것이 얼마나 좋은 일인데, 『햄릿』에 나오는 대추장(왕)은 백성들을 보살피려는 마음이 전혀 없었다며 불만을 털어놓기도 했다. 햄릿이 어머니와 비밀 이야기를 할 때 이를 엿듣던 햄릿의 연인 오필리아의 아버지를 원수인 작은아버지로 오해해 죽인 장면에서, 티브 사람들은 이 어처구니없는 오해와 실수를 이해하지 못했다. 나아가 자신의 연인이 아버지를 죽였다는 사실에 충격을 받고 정신이 나가 강물에 뛰어들어 자살한 오필리아의 죽음이 햄릿의 탓이 아니라, 오필리아의 시신을 마법사에게 팔아 넘기려 한 오빠가 마법을 걸었기 때문이라는 해석을 내리기도 했다. 결국 보하난은 티브족 사람들이 이해하고 토론하는 『햄릿』이 원작과는 거리가 먼 다른 이야기가 돼 버렸음을 깨달았다.

다른 문화에 대한 편견

한국 문화에 대한 편견과 무지에 분노하는 우리는 이제 거꾸로 우리 자신을 반성해 보아야 한다. 우리는 다른 문화, 특히 낯선 문화를 얼마나 올바르게 이해하고 있는가? 텔레비전의 오락 프로그램을 보면 우리보다 가난한 나라나 민족의 문화를 웃음거리로 만드는 경우가 많이 있다. 다른 문화는 늘 한국인의 관점으로 평가되고 희화화된다. 많은 프로그램에서 아프리카의 흑인들은 여전히 미개하고 원시적으로 살아가고 있는 것으로 묘사된다. 2002년 월드컵 기간에 방송된 광고 중에서 한국의 발달된 통신 기술을 알리기 위한 것이 있었다. 전 세계의 축구 선수들이 놀라운 표정으로 고국의 부모님에게 전화하는 장면에서 백인 선수들은 모두 첨단 휴대 전화를 들고 있는데, 유독 아프리카 선수만 한국에서는 거의 찾아볼 수 없는 오래된 다이얼식 전화기를 들고 놀라는 장면이 나온다. 한동안 많은 인기를 얻었던 한 개그맨은 '사바나의 추장'이라는 코너에서 아프리카 추장들을 '알 수 없는 소리'를 질러 대는 우스꽝스러운 사람으로 만들어 버리기도 했다.

유엔 '문화 유산의 해' 포스터
(2002)

두꺼운 입술과 벌거벗은 몸으로 묘사되는 아프리카인들은 '문화'와는 거리가 먼 사람들로 소개되어 왔다. 그러나 아프리카 사람들 역시 자신들의 삶 속에 고유한 예술과 신앙, 음악, 지식을 꽃피워 왔다. 단지 우리에게 익숙한 산업 사회와 관련된 요소들이 상대적으로 적을 뿐이다. 피카소가 자신의 예술적 영감을, 서아프리카의 팡(Fang)

족 사람들이 조상 대대로 만들어 온 목제 가면의 비대칭 인물 구도에서 얻은 것은 미술계의 상식이다. 아프리카 문화에 대한 한국인들의 편견과 무시는 한국인들의 자문화 중심주의가 얼마나 심각한지 평가할 수 있는 잣대가 될 수 있다.

함 께 해 보 기
● 아시아 · 아프리카 지역의 문화와 유럽 · 아메리카 지역의 문화 가운데 하나의 사례를 선정하여 그 문화에 대한 자신의 생각을 글로 적어 발표해 보고 다른 친구들의 생각과 비교해 보자. 다른 지역의 문화에 대한 자신의 생각에 어떤 편견은 없었는가?
● 외국인이 우리 문화에 대해 가지는 편견이나 잘못된 고정관념의 사례를 찾아 발표해 보고 그 원인을 알아보자.

문화 상대주의의 오해와 남용

다른 문화를 이해하기 위한 '방법론으로서의 문화 상대주의'에 반대하는 사람들은 그리 많지 않은 것 같다. 그런데 우리 주위에는 다른 문화를 이해하기 위하여 그들의 관점에서 문화를 바라보아야 한다는 점에서는 문화 상대주의에 동감하면서도, 윤리적 상대주의를 문화 상대주의와 동일시하거나 그 논리적 귀결로 간주하면서 문화 상대주의를 비판하는 사람들이 많이 있다. 이들은 윤리적 상대주의를 문화 상대주의의 논리적 결과로 생각하여, 문화 상대주의의 입장을 취하면 결국 절대적으로 옳은 것도 없고 또한 그른 것도 없는 상태, 즉 회의주의에 빠지게 된다고 주장하기도 한다.

문화 상대주의는 자신과 다른 문화가 인간 본성의 또 다른 표현이라는 전제에서 자기 중심적인 섣부른 가치 판단을 금지하고 그 문화 구성원의 시각에서 이를 이해할 것을 요구하고 있으며, 그러한 의미에서 윤리적 회의주의나 선악 불가지론이 아니라 일종의 엄격한 윤리적 원리라고 할 수 있다.

종종 윤리적 상대주의와 혼동되기도 하지만, 문화 상대주의는 약자인 비유럽인 집단의 문화 규범과 가치를 존중해 줄 것을 요구하였으며, 강자인 유럽에 대해서는 자신들의 규범과 가치의 문화적 상대성을 인식하고 이를 약자에게 강요하지 말 것을 요구하였다. 즉, 문화 상대주의의 요점은 "세상에는 옳은 것도 없고 그른 것도 없다."는 윤리적 회의주의를 의미하는 것이 아니라, "미국 중산층의 가치는 미국 중산층에 대해서는 타당하지만, 이를 다른 문화에 일방적으로 강요하면 안 된다."는 것이다. 물론 이러한 관용적인 태도는 일방적인 것이 아니며, 궁극적으로 모든 문화에 필요한 것이라는 점은 두말할 필요도 없다.

문화 상대주의는 결코 윤리적 절충주의나 혼합주의, 기회주의를 의미하지 않는다. 예를 들어 한국인이 자신의 필요와 이익에 따라 어떤 때는 '한국식'으로 행동하고 어떤 때는 '미국식'으로 행동하는 것, 즉 윤리의 프랑켄슈타인을 용납하는 것은 아니다. 요컨대 20세기 초 서양인들 사이에서 행복한 생활이란 "영국의 저택에 살면서 미국의 임금을 받고 중국 요리를 먹으면서 일본인 아내의 시중을 받는 생활"이라는 농담이 유행했다고 하는데, 이러한 행태를 윤리의 영역에서 실천하려 하거나 경우에 따라 자신에게 편리하게 행동하면서 이를 타 문화의 이름으로 정당화할 수는 없는 것이다.

마지막으로 짚고 넘어가야 할 문제 중 하나는 문화 상대주의의 오용에 대한 경계이다. 모든 문화가 나름대로 가치를 지니기는 하지만 이러한 가치는 절대적인 것도, 평등한 것도 아니다. 그런데 어떤 경우에는 보편적이라고 할 수는 없지만 어느 정도 합리적이며 공통적인 기준을 마련할 수 있는데도 불구하고 '문화적 차이'라는 명분을 내세워 설명이나 양보, 또는 개선의 노력마저 거부하는 행위를 목격할 수 있다. 이는 특히 인권 문제나 개발 문제 등과 관련하여 중요한 쟁점이 되고 있다.

우리가 흔히 문화적 규범이라고 부르는 것은 어떤 문화 내에서 지배적인 위치를 차지하고 있는 규범을 의미하는 것이지, 규범이 그 문화 내에서 유일하고 보편적이라는 의미는 아니다. 하나의 문화 속에는 그 문화의 지배적인 규범과 양립하지 않거나 그와 상이한 규범을 지지하는 사람들이 있게 마련이다. 이러한 시각에서 볼 때, 나치즘은 일시적으로 독일 사회를 지배하였지만 독일을 구성하고 있는 많은 사람들에게 매우 억압적인 것이었다. 가장 큰 피해를 입은 것은 대량으로 학살당한 유대인들이었지만, 독일인들 자신도 침략 전쟁을 용인한 결과 엄청난 인명 손실과 물적 피해를 입었으며, 특히 유대인에 대한 비인간화를 방관하거나 간접적으로 관여함으로써 비인간화되었다는 사실도 매우 중요하다. 그러한 의미에서 문화 상대주의는 결코 나치즘을 정당화하는 데 사용될 수 없는 것이었다. 마찬가지로 일본의 천황제 파시즘과 침략 전쟁에 희생된 것은 한국인과 중국인만이 아니다. 가장 직접적인 피해를

나치 수용소의 어린이들

입은 쪽은 정신대로 끌려가거나 징용·징집되었던 사람들이지만, 일본인들 역시 자신들의 가능성과 잠재력의 실현을 극도로 제한당하였다는 사실에 주목하여야 한다.

문화 상대주의자로 알려진 베네딕트(Benedict, R.)나 미드(Mead, M.)가 한 문화(유럽 문화)의 다른 문화(비유럽 문화)에 대한 관용만을 주장한 것이 아니라 궁극적으로는 자신의 문화의 부당한 억압으로부터의 자유, 즉 지배적 규범에서 일탈된 구성원에 대한 지배적 문화의 관용을 호소했던 사실은 오늘날에도 매우 중요한 의미를 갖는다.

자신의 문화에 대한 비판은 먼저 자문화의 지배적인 규범이 인간 본성의 유일하고도 가능한 발현이 아닐 수도 있다는 사실을 인정하는 것에서 시작한다. 예를 들면 남성의 남성다움이란 남자라는 해부학적인 사실에서 비롯된다기보다 문화적으로 결정된다는 사실을 인정하는 것이다. 그러나 이를 인정한다는 것이 곧 사회적 혼란을 초래하는 것은 아니다. 지식은 오히려 더 나은 사회를 만들기 위한 조건이 되는 것이며, 또한 지배적인 문화적 규범을 더욱 관용적이며 폭넓게 변화시키는 데 기여할 수 있는 것이다. 지배적인 문화적 규범이라는 것은 결국 여러 사회적 세력 간의 끊임없는 투쟁과 타협, 양보의 결과이기 때문이다.

 마무리

1 문화라는 말은 수없이 다양한 의미를 지니고 있다. 모든 문화는 공유된 것으로서 학습되고 항상 변화하며, 부분들이 모여 전체를 이루는 특성을 지니고 있다.

2 낯선 문화를 이해하고 문화 간 의사 소통 능력을 키우기 위해서는 관용의 정신과 열린 마음가짐이 필요하다.

3 문화 차이를 이해하고 편견을 줄이기 위해서는 문화 상대주의의 관점이 필요하지만, 문화 상대주의를 잘못 받아들여 반인륜적이고 차별적인 관습과 폐해를 옹호해서는 안 된다.

03 세계화 속의 전통 문화

 이 단원에서는

＋ 세계화의 흐름 속에서 한국의 문화와 전통이 어떻게 변화하고 있는가를 알아본다.

＋ 문화 상품이 다른 상품과 구별되는 특성을 이해하고, 문화 산업이 사회 전반에 미치는 영향력에 대해 알아본다.

＋ 현대 사회에서의 전통의 의미를 이해하고, 전통이 창조·변용·날조되는 원리를 살펴본다.

외래 문화의 강력한 영향 아래 어쩔 수 없어 보이는 한국 문화의 수동적 위치를 이야기하는 사람들도 있지만, 우리도 서구 문화를 무조건 받아들이지는 않는다면 세계 문화의 다양성과 풍요로움에 기여할 수 있을 것이다. 요

즈음 중국과 동남아시아 지역에서 일고 있는 '한류' 현상은 이러한 점에서 우리에게 새로운 느낌을 준다. 한국 배우에게 열광하는 외국인들의 모습이 어쩌면 백인 스타들에게 열광했던 자신의 모습과 중복되어 보이기 때문일 것이다. 동남아시아에서 유행하는 한국의 대중문화는 우리가 서구의 대중문화를 수용해서 우리의 방식대로 소화해 낸 것이기 때문이다. 팝 음악과 같은 외국 노래 따라 하기에 급급했던 우리의 음악은 이제 한국인들의 감성과 문화적 토양 위에서 새롭게 만들어지고 있다. 실제로 이러한 음악이 서구 음악의 '본토'에서 다시 '표절'되기도 한 사실(예를 들어 이정현의 '와')은, 문화 간의 만남이 일방적인 수용과 모방이며 그 결과 서구 문화로 수렴될 것이라는 우려에 작은 희망을 주기도 한다.

한국 가수에 열광하는 중국 청소
년들

한국의 대중문화에 열광하는 동남아시아 사람들이 한국의 대중문화를 있는 그대로 수용하거나 받아들이는 것은 아니다. 동남아시아에서 유행하는 한국의 대중문화는 철저히 동남아시아 사람들에게 선택되고 해석된 것이다. 때로는 그들의 고유한 문화적 배경 때문에 원래 한국 사람들이 받아들였던 것과는 다른 의미로 문화를 이해하고 받아들이기도 한다. 한국에서 흥행에 성공했던 영화가 동남아시아나 다른 아시아에서는 외면당한 것이 한 예이다. 자신들의 관점에서 이해할 수 없거나 공감할 수 없는 한국의 대중문화는 받아들이지 않는 것이다.

함 께 해 보 기 ● 동남아시아의 '한류'에 대해 조사해 보자. 동남아시아인들이 좋아하는 한국의 대중문화에는 어떤 것이 있으며, 그 이유는 무엇일까? 한류 열풍의 실상은 무엇이고, 우리가 주의해야 할 것은 무엇인지 이야기해 보자.

문 화 산 업 과 한 국 문 화

세계화는 개별 문화들이 서로 만나고 경쟁하는 역동적인 장을 만들어 냈다. 한국 문화도 세계화의 흐름 속에서 미국이나 유럽, 일본의 대중문화를 받아들이면서 다른 한편으로는 한국의 대중문화를 아시아권에 수출하고 있다. 한편 한국 정부는 한국의 영화 산업 보호를 위해 국내 극장들이 일정 기간 한국 영화를 의무적으로 상영해야 하는 스크린쿼터 제도를 시행하고 있다. 미국의 영화사들은 한국 정부의 스크린쿼터 정책이 한국 내에서 미국 영화가 한국 영화와 경쟁하는 데 불공평한 환경을 만들고 있다며 비난하고 있다.

함 께 해 보 기 ● 스크린쿼터 제도에 대해 알아보고 세계화와 개별 문화의 보호에 대해 토론해 보자.

문 화 상 품 이 동 의 자 유 화 에 대 한 저 항

상품 이동의 완전 자유화를 보장한 국제 사회의 법 제도의 틀이 우루과이 라운드를 통해 태어난 것이 WTO 체제라면, 자본과 영화를 비롯한 문화와 교육의 완전 자유 이동을 보장하고자 했던 것이 다자 간 투자 협정(Multilateral Agreement on Investment, MAI)이다. WTO와 MAI는 말하자면 세계화의 두 기둥과 같은 것으로, 예정대로 MAI가 조인됐더라면 자본에 의한 세계화는 일단 완성됐을 것이다. 프랑스 영화인들과 작가, 지식인들이 MAI에 반대하고 나선 것은 MAI가 조인되면 미국의 할리우드 자본이 자유롭게 프랑스에 들어올 것이고 그럴 경우 프랑스의 영화 산업은 세계화라는 이름 아래 결국 할리우드에 예속되고 말 것이라는 우려 때문이었다. 그러면서 이들은 '문화적인 예외'를 내세워 문화와 교육은 상품이 아니라 민족의 혼이기 때문에 보통 상품처럼 국경 없이 자유롭게 이동하는 대상이 결코 될 수 없다는 주장을 폈다.

 신 토 불 이 ─ 한 국 의 전 통 문 화 와 민 족 정 체 성

현대 한국 사회에서 전통 문화에 대한 관심의 증가는 한국인으로서의 민족 정체성에 대한 자각의 표현이기도 하다. 세계화의 물결 속에서 급증하는 외국 문화의 홍수와 소비 문화의 변화는 사람들에게 '우리는 누구인가'라는 민족 정체성의 자각을 불러일으켰다. 수입한 콜라가 아니라 한국에서 독자적으로 개발한 '콜라독립815'나 전통 음료를 현대적으로 상품화한 '식혜'에는 민족 정체성이 강하게 드러나고 있다. '신토불이'(身土不二)로 표현되는 이러한 움직임은 전통 문화와 민족 정체성의 밀접한 상관관계를 보여주고 있다.

함 께 해 보 기 ● 시대별로 한국의 전통 문화를 상징했던 문화 요소들을 조사해 보자. 외국인에게 한국의 전통 문화를 소개할 때 많이 선택되었던 전통 문화는 어떤 것이 있을까? 시대별로 차이가 있다면 그러한 차이의 의미는 무엇인지 토론해 보자. 이를 통해 전통 문화의 개념에 대해서도 새롭게 검토해 보자.
● 우리의 전통에 대한 사례를 조사 · 분석해 보자. 장남이 제사를 지내는 관습, 김치가 빨갛게 된 것 등이 얼마나 오래된 일인지 알아보자.

전 통 의 창 출

대부분의 사람들은 전통이 아주 오래 전부터 내려온 변치 않는 것이라고 생각한다. 그러나 학자들의 연구를 통해 전통이라고 불리는 관습이나 문화 요소들은 그 기원이 오래되지 않았다는 것과, 과거부터 내려오던 문화적 관습을 변형하거나 새롭게 해석한 것들이라는 사실이 밝혀지고 있다. 영국의 역사학자인 홉스봄(Hobsbawm, E.)과 레인저(Ranger, T.)가 편집한 『전통의 날조와 창조』라는 책을 보면, 스코틀랜드인의 상징적인 전통 문화로 알려져 있는 킬트 무늬 의상과 백파이프라는 악기가 실제로 스코틀랜드인 사이에서 오래 전부터 내려온 것이 아니라는 점이 설명되어 있다.

17세기 후반까지도 스코틀랜드 사람들은 독자적인 민족 집단으로 살고 있지 않았다. 이들은 아일랜드에서 건너온 유민의 후손들로 문화적으로나 인종적으로 아일랜드 사람들의 후손이었을 뿐이다. 그러나 잉글랜드와 통합되면서 스코틀랜드 사람들은 독자적인 민족 집단을 형성하기 시작했고, 자신들이 아주 오래 전부터 내려온 민족 집단이었음을 입증해 줄 문화적 전통을 만들어 내기 시작했는데, 킬트 무늬의 옷이 대표적인 예이다. 영화 ‘브레이브하트’(Braveheart)에서 멜 깁슨이 잉글랜드군에 대항해 영웅적인 전투를 벌이는 스코틀랜드 지도자를 연기하면서 킬트 무늬 스커트를 입고 나온 것은 분명 역사적으로 오류이다. 스코틀랜

스코틀랜드의 킬트

드의 예에서 보이듯이, 18세기에 들어서면서 근대적 민족 국가가 유럽 각지에서 출현하게 되자, 민족 국가라는 새로운 정치 단위나 경계가 아주 오래 전부터 있어 왔다는 것을 입증하기 위해 수많은 전통 문화들이 새롭게 창출되기도 했다.

결국 우리가 상식적으로 알고 있는 전통의 개념은 그 실체의 진위 여부를 떠나 아주 오래 전부터 변치 않는 형태로 내려왔다는 사람들의 믿음에 근거한 인위적인 발명품이라 할 수 있다. 우리는 전통의 개념을 이해할 때, 전통은 늘 변화할 수 있으며 새로운 해석이 가능하다는 사실을 알고 있어야 한다.

전 통 문 화 는 어 떻 게 변 화 하 고 있 는 가

전통 제사상에 오르는 제수들이 세계화와 더불어 많은 변화를 겪고 있다. 제사상에 올리는 음식은 그 종류와 놓이는 위치가 정해져 있을 정도로 중요한 의미를 갖는다. 그러나 요즘, 음식의 종류는 같을지라도 조상들에게 낯선 오스트레일리아나 미국에서 수입한 쇠고기, 중국산 나물과 생선이 제사상에 오르고 있다. 밤을 비롯한 과일들도 외국에서 수입된 것들이 많다. 또한 제사상의 형식도 변화되었는데, 전통 제사상에는 오르지 않던 필리핀산 바나나와 파인애플이 오르기도 하고, 돌아가신 할머니가 좋아하셨던 커피를 올리기도 한다. 전통 문화의 상징이었던 제사상마저 세계화의 물결 속에서 변화하고 있는 것이다.

함 께 해 보 기 ● 조상을 숭배하는 한국 전통 문화의 형식과 의미는 계승되고 있지만 물질적 기반은 크게 변화하고 있다. 전통 제사상에 오르는 음식들은 어떻게 변하고 있는지 알아보자. 그리고 그러한 변화의 의미에 대해 이야기해 보자.

2002년 가을, 한국의 전통 혼례

서울 관악산 아래 낙성대 공원에서 전통 혼례식이 열렸다. 신부가 일본인이어서 전통 혼례식장은 한국인 하객과 일본에서 건너온 신부 가족과 친지들로 가득 찼다. 결혼 전문 이벤트 업체는 공원 내 사당으로 올라가는 계단 옆에 천막을 치고, 옛 동헌 건물을 그린 그림으로 휘장을 쳤다. 혼례식을 올리기 전 신랑, 신부 및 친지들은 한복을 입은 채 혼례를 인도하는 주례에게서 전통 혼례의 절차를 교육받았다. 혼인 당사자나 일본인 신부의 가족들뿐만 아니라, '기러기 아범' 역을 맡은 신랑의 친구, 하객들 모두 주례가 리허설이라고 표현한 예행 연습을 마쳤음에도 불구하고 전통 혼례의 절차에 대해 전혀 이해하지 못하고 있었다.

스피커를 통해 가야금 반주의 음악이 울려 퍼졌고, 전통 혼례의 의미에 대한 소개와 함께 혼례가 시작되었다. 혼례를 주관한 '주례'는 연둣빛 두루마기를 입고 두건을 썼으나, 신발은 구두를 신었다. 주례는 마이크로 식의 진행을 알리는 글을 낭송했다. 시조창을 연상하게 하는 주례의 낭송은 혼례에 참가한 일본인 가족뿐만 아니라 한국인 하객이나 신랑에게도 알 수 없는 외국어로 부르는 노래처럼 들렸다. "무슨 말인지 통 모르겠죠?" 분위기를 알아챈 주례는 일일이 그 뜻을 풀어 설명하면서 혼례를 진행했다. '전통' 혼례에는 신랑·신부의 어머니가 맞절을 하고 하객들을 향해 인사를 하는 '현대식' 순서도 있었고, 주례의 성혼 선언도 포함되었다. 성혼 선언문에서 주례는 자신의 이름 앞에 '국문학자'라는 칭호를 붙여 '전통 혼례' 주례에 권위를 부여했다. 신부의 당의(唐衣)나 신랑의 사모(紗帽)는 시대 불명의 양식으로 공연 의상 같아 보였다. 혼례식장에는 지나가던 백인 관광객들이 둘러서서 사진을 찍었고, 신랑의 대학 은사는 중국 옷을 입고 하객으로 참가했다. 서울의 한복판에서 한국인 신랑과 일본인 신부, 양국에서 온 하객들, 지나가던 백인 관광객들 모두에게 한국의 '전통 혼례'는 낯선 문화였다. 전통 혼례의 문화적 국적은 이제 더 이상 의미가 없는지도 모른다.

마무리

1 세계화의 영향으로 최근 한국 문화는 급속히 변화하고 있으며, 이 과정에서 우리는 정체성의 혼란을 겪을 정도로 극심한 문화 변동을 경험하고 있다.

2 전통이란 확고 부동한 과거의 유산이 아니라 문화의 특성과 마찬가지로 항상 재창조되고 사회적 의미도 변화하는 것이다.

3 문화의 상품화와 문화 산업의 확산으로 인하여 아름다운 전통 문화와 가치관이 파괴되거나 문화 다양성이 사라지는 등 부정적 영향이 점차 늘고 있다. 우리는 문화 정체성을 지속시키면서 전통 문화를 창조적으로 발전시키기 위해 열린 자세를 취하고 문화 다양성을 최대한 중시하여야 한다.

더 읽어 볼 책들

최협, 『부시맨과 레비스트로스』, 풀빛, 1996.

한국문화인류학회 편, 『낯선 곳에서 나를 만나다—문화인류학 맛보기』, 일조각, 1998.

한국문화인류학회 편, 『처음 만나는 문화인류학』, 일조각, 2003.

II

동·서양의 만남과 세계화

아시아와 유럽 간에는 '지리상의 발견' 이전부터 실크로드 등을 통해 장거리 교역이 세계적인 규모로 행해지고 있었으며 이러한 교역을 통해 서로 영향을 받고 있었다. 그러므로 유럽이 팽창을 시작하기 이전에 세계는 이미 하나의 체계를 이루고 있었으며, 세계화는 매우 오래 전부터 진행되어 온 과정이라고 보아야 한다. 하나의 지역에서 발생한 사건들은 다른 지역에서 발생한 사건들과 깊은 관련을 가지고 있었으며 서로 영향을 주고받고 있었다. 이러한 세계화 과정에 대한 이해를 위해서는 단지 각 국가나 지역의 역사를 집적하는 것만으로는 부족하며 각 국가와 지역들 간의 상호 작용에 관심을 갖는 것이 중요하다.

✦ 세계화는 과거로부터 계속되어 온 지속적인 과정이며 우리의 현재는 세계화의 산물이라는 사실을 이해한다.

✦ 유럽의 산업 혁명이 세계의 다른 지역과 어떠한 관련을 가지고 일어났으며, 유럽의 팽창이 지구 생태계에 어떤 영향을 미쳤는지 알아본다.

✦ 유럽의 팽창이 우리가 세계사를 이해하는 방식과 타 문화를 이해하는 방식에 미친 영향을 살펴본다.

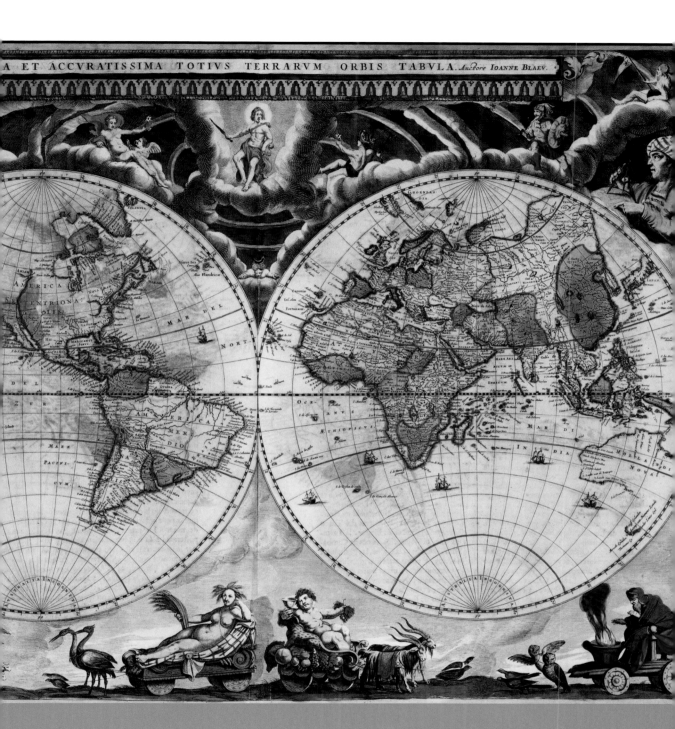

A ET ACCVRATISSIMA TOTIVS TERRARVM ORBIS TABVLA. *Auctore* IOANNE BLAEV.

'동양'은 어디를 말하는가? '서양'은 어떤 나라들을 지칭하는가? 동양과 서양을 구분하는 것은 어떤 의미를 지니는 것인가?
동양과 서양은 언제, 어떻게 처음 만나게 되었는가? 지금의 세계화는 언제부터 시작된 것인가? 서구는 타 문화의 이미지를 어떻게 만들어 냈는가?
서구가 만들어 낸 타 문화의 이미지에는 어떠한 것들이 있는가? 아시아인은 서구인들이 만들어 낸 타 문화의 이미지를 어떻게 받아들였는가?
'세계화'를 이해하기 위한 첫걸음은 이러한 질문들로부터 시작한다.

01 동양과 서양은 어디에 있는가

 이 단원에서는

✦ 동·서양에서 타 문화에 대한 오해가 발생한 원인에 대해 알아본다.
✦ 오리엔탈리즘이라는 개념을 통하여, 서구가 이슬람권은 물론 아시아나 아프리카 등 타 문화를 어떻게 오해해 왔는지 살펴본다.
✦ 내부 오리엔탈리즘이라는 개념을 알아보고, 타 문화에 대한 오해나 경멸, 그리고 이와 관련된 타 문화에 대한 지배 등이 근대 서구에서뿐만 아니라 중국과 한국, 일본 등 아시아 내부에서도 일어난 양상을 살펴본다.

내가 아주 어릴 적에 난 많은 꿈을 꾸었지

말도 안 되는 꿈만 꾸었어

그래도 그 중에 한 가진 이루었지

꿈 많던 어린 시절 아득한 기억 속에

타잔이라는 아저씨가 있었어

그 아저씰 너무너무 좋아했었지

아~ 나는 타잔, 아~ 누렁인 치타

옆집에 살던 예쁜 순인 제인……

_윤도현의 '타잔'

미국의 대학에 유학을 하여 문화 인류학을 전공한 어느 한국인 학생이 드디어 아프리카로 현지 조사를 떠나게 되었다. 비록 전공은 각기 다르지만 같은 대학에서 공부하던 한국인 유학생들이 환송회를 열어 주었다. 분위기가 무르익어 가자 전자 공학을 전공하던 유학생이 다가와 조그만 목소리로 물었다. "그런데 타잔은 도대체 어디에 살았니?"

타잔은 지어 낸 이야기지만, 어떤 사람들은 타잔이 실제 이야기에 기반을 둔 것이라 생각하고 있다. 타잔 이야기는 여러 차례 영화로 만들어졌고

텔레비전 시리즈물이나 만화 영화로도 만들
어졌다. 어린 시절 타잔을 보고 자란 사람
들은 서구와 아프리카에 대해 어떠한 이미
지와 생각을 갖게 되었을까?

타잔은 아프리카의 밀림을 지배하는 백인
이며 아프리카인보다 더 밀림을 잘 알고 아프
리카를 사랑하는 동시에, 유럽의 가장 고귀
한 가치들을 체득하고 있다. 아프리카에 불
시착하여 부모를 잃은 백인 어린이가 혼자
책을 보면서 유럽의 언어를 깨우친다. 밀
림 속에 고립되어 있지만 탁월한 지적 ·
신체적 능력을 가진 백인 어린이는 영
어와 유럽 문명을 스스로 터득하여 아프
리카 밀림의 지배자가 된다. 그는 고귀한
야만인이며 또한 서구를 대표하기도 한다. 아
시아와 아프리카의 어린이들도 타잔 영화를 보면서 자랐다. 다른 볼거리가
그리 많지 않았던 시절 타잔은 어린이들에게 매우 인기가 좋았다. 타잔에
담겨 있는 인종적 차이에 대한 견해나 아프리카를 바라보는 시각 등을 그
대로 받아들일 수 있을까?

 아 프 리 카 밀 림 의 왕 타 잔

'타잔' 이야기는 1931년부터 디즈니의 만화 영화가 나온 1999년까지 무려
47번이나 영화로 만들어졌다. 디즈니의 만화 영화는 에드거 라이스 버로스
의 베스트셀러 『유인원 타잔』(*Tarzan of the Apes*, 1914)을 원작으로 하고
있는데, 원작에서는 미국으로 간 타잔이 다시 밀림으로 돌아오지만 만화
영화에서는 사랑에 빠진 타잔과 제인이 처음부터 밀림에 남는 것으로 바뀌
었다.

타잔 영화를 보면서 아프리카인과 백인이 각각 어떻게 그려져 있는지, 나아가 이러한 영화가 서구 및 아프리카의 이미지를 어떻게 만들어 냈는지를 생각해 볼 수 있다.

함 께 해 보 기 ● 타잔을 보면서 자란 서구의 아이들, 아시아의 아이들, 아프리카의 아이들이 각각 자신들이 살고 있는 유럽과 아시아, 아프리카에 대해 어떠한 이미지를 갖게 되었는가를 이야기해 보자.

서 구 와 이 슬 람

타 문화에 대한 서구의 인식, 특히 이슬람 세계에 대한 인식은 정치적·군사적 관계와 긴밀히 관련되어 변화해 왔다. 십자군 전쟁을 치른 것을 비롯하여 오리엔트의 이슬람 세계와 적대 관계에 있던 서구는 오리엔트에 대한 매우 독특한 관념과 이미지를 발전시켰고, 이를 통해 오리엔트에 대한 적대적 태도와 지배, 착취 등을 정당화하기도 했다. 아프리카 또한 서구 문명의 정반대로서 인식되었으며 야만스럽고 정체된 이미지를 갖게 되었다.

십자군 전쟁

● 영화, 문학 작품, 매스컴 등에서 이슬람이 어떻게 묘사되고 있는가를 하나씩 찾아서 발표하고, 9 · 11 사건 이후 이슬람의 이미지가 어떻게 변화하고 있는가에 대하여 토론해 보자.

오리엔탈리즘과 내부 오리엔탈리즘

오리엔탈리즘이란 서구 또는 서구인들이 오리엔트 또는 오리엔트인들에 대해 가지는 태도나 관념, 이미지, 그리고 서구인들이 오리엔트에 대해 만들어 내는 담론을 의미한다. 이 용어는 서구가 오리엔트를 지배하고 오리엔트에 대해 권위를 갖기 위해 만들어 낸 것으로, 에드워드 사이드(Edward Said)가 『오리엔탈리즘』(1978)에서 다룬 이후 널리 받아들여졌다.

사이드의 오리엔탈리즘 논의는 매우 시사하는 것이 많지만, 동양이 서구에 의하여 대변되거나 만들어졌다는 주장은 진실의 반쪽에 지나지 않는다. 자세히 들여다보면 동양인 자신들도 서로를 대변하려는 노력을 계속해 왔기 때문이다. 오리엔탈리즘의 사례들은 단지 서구와 동양의 관계에서만 발견되는 것은 아니다. 아마도 자민족 중심주의적 경향은 지구상에 존재하는 대부분의 인간 집단들에서 발견할 수 있을 것이다.

일본은 메이지 유신 이래 강력하게 서구화를 추진하면서 자신을 다른 아시아 국가들과 구별하려 했고 '아시아를 벗어나 유럽이 된다.'는 의식을 가지고 있었다. 일본은 자신을 서구의 '문명' 국가들과 동일시하였고, 서구가 다른 아시아 국가들을 바라보는 시각으로 아시아 국가들을 바라보았으며, 우월감을 가지고 다른 아시아 국가들을 식민 지배하거나 침략하였다. 우리나라도 오랫동안 서구와 일본의 오리엔탈리즘의 대상이었다. 조선 왕조 내내 오랑캐처럼 여기던 일본에게 식민 지배를 당했고, 또한 전쟁으로 인한 파괴와 극도의 빈곤을 경험하면서 근대화를 염원하던 우리는 서구와 일본을 부러워하며 하루 빨리 그들과 같이 부강해지고자 노력하기도 했다. 그러는 한편 서구인이나 일본인이 우리를 어떻게 바라보고 있는가를 끊임없이 의식했고 자긍심의 상처도 받았으며 반발심도 느껴 왔다. 우리는 서구와 일본의 오리엔탈리즘의 대상이었으며 우리 이전 세대는 이를 뼈저리게 의식하고 있었던 것이다. 그렇게 살아왔던 우리도 경제 성장에 성공하자 어느덧 다른 제3세계 국가들을 서구인의 시각으로 바라보기 시작했다. 스스로 선진국으로 의식하면서 다른 제3세계 국가들을 '시간이 정지한 곳'이나 '문명의 때가 묻지 않은 곳' 등으로 부르기 시작했다. 서구인들이나 일본인들이 만들어 낸 제3세계에 대한 이야기와 이미지들을 그대로 받아들이고 사용하는 경우도 많았다. "셰익스피어는 인도와도 바꾸지 않겠다."라는 말이 얼마나 인도인과 인도 문화에 대해 모욕적인가를 생각할 겨를도 없이 우리나라의 대학생들도 어느 인기 작가를 인도와 바꾸지 않겠다고 했다가 물의를 빚은 적도 있다. 우리는 오리엔탈리즘의 대상이며 피해자였으나, 이제는 우리도 오리엔탈리즘의 실천자이며 가해자가 되고 있는 것은 아닌가?

아시아 내에서 일본은 오랫동안 고도로 발달된 문명을 가진 중국과 한국을 어떻게 받아들일 것인가에 대해 고민해 왔다. 일본은 고대 이래 중국에게 오랑캐 취급을 당했으나 7세기에는 일본(日本)이라는 명칭을 사용하면서 자신을 해가 뜨는 나라, 중국을 해가 지는 나라라 부르며 대등한 지위를 모색하려는 시도를 하기도 했다. 도쿠가와 시대에 주자학과 함께 중국적 세계 질서관을 받아들이기도 했으나 이후 일본의 고대 문화 · 사상 등을 밝히려 한 학문인 고쿠가쿠(國學)의 발전과 함께 다시금 일본 중심주의가 강화되었다. 특히 서구의 군사력과 경제력, 산업과 과학 기술이 중국을 능가하기 시작하고 아편 전쟁에서 중국의 열세가 결정적으로 드러나자 일본은 메이지 유신을 단행하여 '문명 개화'라는 기치 아래 강력한 서구화를 추진하였다. 이 과정에서 일본의 일부 지식인들은 탈아론(脫亞論)에 심취하여 중국, 한국 등 아시아 국가들과 거리를 두면서 일본을 서구와 동일시하려 노력하였다. 천하의 중심이라는 의미의 '중국' 대신에 '지나'(支那)라는 명칭을 사용한 것이나, '동양'이라는 명칭을 사용하기 시작한 것도 넓게 보면 그러한 노력의 일부라 할 수 있다.

 ## 서 부 영 화 속 의 인 디 언

할리우드의 서부 영화에서 아메리카 인디언들은 말을 타고 들소를 사냥하거나, 백인들의 평화로운 이주 포장마차 행렬이나 역마차를 습격한다. 여자와 어린아이도 죽이고 잔인하게 머릿가죽을 벗겨 간다. 경쾌한 나팔소리와 함께 위기에 빠진 주인공을 구출하러 나타나는 기병대는 황금색 줄이 있는 짙푸른 제복을 입고 질서 정연하며 박력 있는 모습을 띠고 있다. 이에 비해 인디언들은 복장도 제멋대로이고 알 수 없는 괴성을 지르며 이상한

영화 '늑대와 춤을'

춤을 춘다. 싸움을 할 때에도 대개 조직적이지 않고 제멋대로이다. 예전에 이런 영화를 본 한국의 어린이들은 인디언과 카우보이 놀이를 했다. 인디언들이 공격적이고 잔인하다는 이미지는 언제, 어떻게 생겨났을까?

함 께 해 보 기 ● 전형적인 서부 영화 중 한 편을 골라 감상하고 영화에서 아메리카 원주민이 어떻게 그려지고 있는가를 면밀히 관찰해 보자. 예를 들어, 존 포드 감독의 '역마차'(Stagecoach)를 함께 감상하고 '인디언'이 어떻게 묘사되고 있는지 각자 느낀 점을 이야기해 보자.

인 디 언 의 시 각 을 담 아 내 려 는 서 부 영 화

전형적인 서부 영화의 '인디언' 이미지와는 전혀 다른 '인디언'들이 등장하는 영화들이 1970년대 이후에 등장하였다. 이러한 비판적인 시각을 담은 영화로는 '솔저 블루'(Soldier Blue)나 '작은 거인'(Little Big Man), '늑대와 춤을'(Dances with Wolves), '제로니모'(Geronimo) 등을 들 수 있다.

작은 거인 아서 펜 감독의 1970년 작품이다. 인디언 포니족의 습격을 받아 부모를 잃고 누나와 단 둘이 살아남은 잭 크래브는 샤이엔족의 도움으로 그들과 같이 생활하게 된다. 그는 작은 덩치 때문에 '작은 거인'이라는 인디언 이름을 갖는다. 어느 날 캠프가 백인 기병대의 습격을 받게 되고, 백인의 세계로 다시 복귀한 그는 백인 사회의 타락하고 어두운 면을 목격하게 된다. 서부로 떠난 그는 부인마저 인디언에게 납치당하는 등 어려움을 겪게 되고, 수년간의 방황 끝에 샤이엔족과 재회하여 진정한 인디언으로 살아간다. 인디언의 생활상과 백인들의 인종 편견 등을 인디언의 입장에서 다룬 영화다.

늑대와 춤을 케빈 코스트너 감독의 1990년 작품으로 자신이 직접 주연까지 맡아 아카데미상의 주요 부문을 휩쓸고, 흥행에도 성공한 영화이다. 남북 전쟁에 참가했던 한 장교가 인디언들과 접촉하여 함께 생활하게 되면서 진정한 삶의 의미를 깨달아 간다는 내용을 담고 있다. 시대는 남북 전쟁이지만 전쟁보다는 한 인간의 사색에 초점을 맞춰 영화가 진행된다. 무엇보다도 인디언의 시각을 충실히 담아 내고 있는 영화이다.

동양은 왜 동양인가

근대의 서구 열강은 배를 타고 바다를 건너와 중국과 일본에 도착했다. 그러므로 서구 세력을 서양(西洋, 서쪽 바다)이라고 부르는 것은 나름대로 타당하다. 그런데 아시아는 왜 동양이라고 부르게 되었을까? '동양'이 원래 중국의 동남쪽 바다를 가리키던 용어였다는데, 왜, 어떻게 '동양'이 중국과 인도 대륙을 포괄적으로 지칭하는 용어로 사용되게 되었을까?

함 께 해 보 기 ● '동양'이라는 명칭은 어떤 지리적·문화적 경계를 지니고 있는가 생각해 보자. 과연 동양은 어디부터 어디까지를 지칭하고 있는가? 동양은 고정된 지리적 세계인가, 아니면 변화하는 문화적·역사적 세계인가에 관해 토론해 보자.

아시아의 내부 오리엔탈리즘

중국은 자신을 '문명'으로, 나머지 민족들을 야만스러운 오랑캐로 간주하는 화이관(華夷觀)을 발전시켜 왔다. 중국적 세계 질서와 문명관을 받아들였던 조선은 군사적으로 위협적 존재였던 일본을 오랑캐라 간주했으며 임진왜란 이후 이러한 의식은 더욱 공고해졌다. 조선은 여진족도 오랑캐 취급을 했다. 이렇게 아시아 내부에서도 일종의 오리엔탈리즘이 존재했다고 할 수 있다.

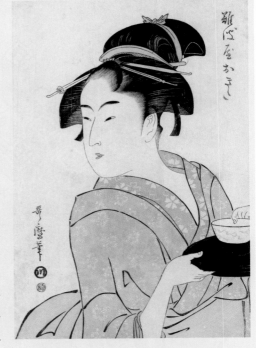

중국 대륙과 한반도에 거주하던 사람들은 지금의 일본 열도를 '왜'(倭)라고 불렀으며, 일본 열도에 거주하던 사람들은 '왜인'(倭人)이라 불렀다. 더 심하게는 적개심이나 경멸을 담아 '왜놈'이라고도 했다. 일본인들은 왜인을 '와진'이라고 읽는다. '왜'의 의미는 그리 좋지가 않다(유순하다, 꾸불꾸불 돌아서 멀다 등). 일본인들은 일본을 지칭할 때 '화'(和)를 쓰기도 한다. 화식(和食)은 일본 음식이라는 의미가 된다. 조선도 명나라가 멸망한 뒤에 자신을 소중화(小中華)라 일컫기도 했다. 근대 이후 일본인들은 중국을 중국이라 부르지 않고 '지나'라 불렀다. 하지만 중국인들은 '지나'라는 말을 싫어한다.

18세기 초반까지만 해도 중국은 경제력으로나 군사력으로나 유럽의 국가
들을 훨씬 능가하는 강대국이었으며 산업과 기술 수준 면에서도 유럽과 대
등하거나 오히려 유럽을 능가하고 있었다. 이 당시 유럽의 상당수 지식인
들이 중국의 문화와 제도를 높이 평가하고 있었던 것은 당연하다. 그러나
이후 유럽과 중국의 세력이 역전되면서 중국에 대한 서구의 평가는 크게
변화했다.

20세기 초의 중국 상하이 항

함 께 해 보 기 ● 의화단의 난이 일어났을 때 베이징에서 고립되었던 서구 열강의 외교 사절들의 모습을 그린 영
화 '북경의 55일' 을 보고 이 영화에서 서구인과 중국인들이 어떻게 대비되고 있는지 살펴보자.

영화 '북경의 55일'

1963년 가이 그린 등이 감독한 작품이다. 1900년 여름 베이징, 중국을 둘러싸고 열강들의 자리다툼이 한창인 가운데, 가뭄으로 인해 민심은 더욱 흉흉해지고 의화단의 난이 일어나 외국인 거주 지역에 있는 사람들은 대피를 서두른다. 이 와중에 자국민 보호를 위해 파견된 미 해병 소령 루이스와 러시아 미망인 나타샤 사이에 사랑이 싹튼다. 열강 12개국 대표자들은 연합군의 수가 적어 떠날 것을 의결하지만, 영국 대표가 증원군이 도착할 때까지 버티자고 주장하여 결국 싸울 준비를 하게 된다. 한편 서태후는 유럽 열강의 군대를 막을 것을 명령하고 베이징에 고립된 열강 대표들은 점점 위험에 빠진다. 결국 유럽의 구원군이 베이징에 도착하여 의화단은 패퇴한다. 제국주의적 시각에 치우쳤다는 비판을 받은 영화이다.

 마무리

1 타 문화에 대한 오해나 잘못된 묘사는 단순한 무지나 실수 때문에 일어나기도 하지만, 정치적 지배나 군사적 위협, 경제적 이해관계의 대립 등과도 밀접한 관련을 갖고 있으며, 바로 그 때문에 지속적으로 재생산되고 반복된다.

2 타 문화에 대한 멸시나 오해는 타 문화와 이에 속하는 사람들에 대한 지배와 착취를 정당화하는 경향이 있다.

3 우리는 서구의 오리엔탈리즘의 대상이며 피해자이기도 하지만, 아시아 내부에도 오리엔탈리즘과 유사한 것이 있었다. 우리는 중국의 입장에서 볼 때 오랑캐의 지위를 가지고 있었으나 주변의 일본과 여진족을 오랑캐 취급하기도 한 것이다. 근대에는 일본의 오리엔탈리즘의 대상이 되었으며, 현재는 동남아시아 국가들을 오리엔탈리즘의 대상으로 삼고 있기도 하다.

에 달했다. 유럽인들은 신대륙으로만 떠난 것이 아니었다. 러시아의 경우에는 새로이 식민을 시작한 시베리아로 많은 사람들이 떠났다. 그리하여 18세기 초에는 25만 명에 불과하던 시베리아의 인구가 100년 후에는 150만 명으로 증가했고 1914년에는 900만 명을 넘어서더니, 최근에는 3000만 명을 넘어섰다.

함 께 해 보 기 ● 유럽인들은 비서구 사회에 총과 전염병도 전파시켰다. 다른 대륙에서는 유럽인들의 이주와 침략이 원주민들의 삶에 어떠한 영향을 끼쳤는지를 사례별로 조사하여 비교해 보자.

유럽인과의 접촉과 질병

유럽의 팽창은 원주민 사회와 여러 가지 갈등을 야기하였는데, 그 과정에서 수많은 원주민 사회가 유럽인의 의도적 파괴나 혹은 비의도적이었다 하더라도 그 압력으로 인해 붕괴되었으며, 그 결과 원주민들은 토지와 생계 수단, 독립, 문화, 건강 그리고 생명을 빼앗겼다.

그중에서도 가장 충격적인 것은 아스텍과 잉카 제국의 인구가 격감한 것이었다. 구대륙의 여러 전염성 세균과 박테리아에 대해 신대륙의 원주민들은 전혀 면역 체계가 발달해 있지 않았으며, 천연두와 홍역은 특히 감기(호흡기성 질환)와 합병증을 유발하면서 엄청난 위력을 떨쳤다. 1520년에서 1600년 사이에 중앙아메리카에는 적어도 14회 이상 전염병이 발생하였으며 그 결과 카리브해 연안에서 중남미의 산간 지역에 이르기까지 원주민들이 대거 사망하였다.

콜럼버스가 최초로 발견한 섬 가운데 하나인 산토도밍고 군도의 경우 스페인 침략이 시작될 당시의 인구는 100만 명으로 추산되고 있다. 그런데 침략이 시작된 지 겨우 40년 만에 극심한 착취와 노예화 그리고 질병으로 인해 생존자는 겨우 수백 명에 불과하였다.

멕시코에서는 1519년에 스페인이 아스텍을 정복한 이래 더욱 심각한 상황이 발생하였다. 1500년대 초 2500만 명이던 인구가 1550년에는 600만 명으로, 1600년에는 100만 명으로 줄어들었다. 수천 년 동안 발전해 온 사회는 이러한 파국적인 상황을 감당하지 못하였고 주민들의 생활 방식과 신념은 무너졌다.

태평양 지역 원주민들의 생활과 문화 또한 18세기 후반부터 유럽인들이 가져온 술과 여러 종류의 질병에 의해 대규모로 파괴되기 시작하였다. 1900년이 되자 이 지역 원주민들의 수는 유럽인이 출현하기 이전의 20%로 줄어들었다. 하와이의 경우 18세기 말에는 30만 명이었으나 1875년에는 5만 5000명으로 줄었으며, 쿡 제도의 라로통가 섬의 경우 1827년에 7000명이던 인구는 1867년에 이르자 1850명에 불과하였다. 타히티 섬의 경우 1770년대에는 4만 명이었으나 1840년대에는 9000명으로 줄어들었고 얼마 뒤에는 6000명으로 줄었다. 태즈메이니아 섬의 경우 18세기 말에는 인구가 5000명이 넘었으나 1830년대에 이르러 겨우 2000명밖에 남지 않았다. 1834년 태즈메이니아 총독은 원주민들을 모조리 플린더스 섬으로 추방하였다. 이곳에서 원주민들은 자신들의 전통과 습관을 완전히 버리고 유럽식으로 생활할 것을 강요당하였는데, 이에 적응하지 못한 원주민들은 급격히 수가 감소하기 시작하여 1835년에는 생존자가 150명, 1843년에는 43명으로 줄어들었고, 최후의 생존자가 1876년에 사망함으로써 태즈메이니아인은 완전히 사라졌다.

　이러한 엄청난 사망자 수를 단지 세균의 전파만으로 설명하는 것은 불충분하다. 병원체가 엄청나게 빠른 속도로 확산될 수 있었던 배경에는 사회적·정치적 조건이 있었다. 금과 은을 채굴하기 위해 원주민들의 노동력을 마구잡이로 사용하였다는 사실, 노예 제도 및 노예화 등이 그 요인이었다.

_울프, 『유럽, 그리고 역사를 갖지 못한 사람들』

유럽의 팽창에 따른 생태계의 변화

모피와 깃털에 대한 유럽에서의 수요 증가는 아메리카 대륙에서 모피 교역과 수렵을 크게 증가시켰다. 또한 유럽의 산업화와 관련하여 발전한 식량의 생산 및 공급의 전문화도 생태계에 엄청난 변화를 초래하였다. 유럽의 팽창과 발전은 전 세계의 생태계에 커다란 영향을 주었으며 특히 불평등한 교역 구조 때문에 환경 문제는 매우 심각해졌다.

함 께 해 보 기 ● 유럽에서의 모피 수요 증가가 모피 동물들에게 어떠한 결과를 초래했는가를 살펴보고, 유럽의 팽창과 발전이 지구의 생태계에 어떠한 영향을 주었는가에 대하여 이와 유사한 사례들을 찾아 발표해 보자.

모피 동물, 들소, 나그네비둘기

유럽에 의해 아메리카 대륙의 생태계도 크게 변화하였다. 모피나 깃털 또는 값싼 고기에 대한 유럽인의 수요는 유럽 대륙은 물론 시베리아와 신대륙의 동물 자원을 고갈시켰는데, 남획의 규모와 결과는 가공할 만한 것이었다. 예를 들어 19세기 말 유럽에서 모자에 이국적인 깃털 장식을 꽂는 것이 크게 유행하자, 1869년 한 해에만도 브라질에서는 17만 마리의 새가 수출되었으며, 이러한 남획은 대개 멸종 위기를 초래하였다.

유럽에서는 모피를 구하기 위한 사냥이 계속되었는데 16세기에 이르자 이미 유럽 대륙에서는 모피를 얻을 수 있는 동물들이 사라졌고 오직 시베리아에만 모피 동물들이 남아 있었다. 그러나 이들 역시 18세기 말에는 거의 멸종되었으며 유럽인들은 북아메리카 대륙으로 눈을 돌렸다. 모피를 획득하려는 노력은 북아메리카 정착 초기부터 줄곧 팽창의 숨은 원동력으로 작용하기도 하였다. 유럽인들은 한동안 모피 동물들을 직접 잡기보다는 아메리카 원주민들에게 사냥을 시키고 이들과의 교역을 통해 모피를 입수하였다.

모피 동물 중 인기가 좋았던 비버 등은 번식률이 낮았기 때문에 사냥을 시작한 지역에서 곧 고갈되었으며 사냥꾼들은 경제성이 떨어지면 다른 곳으로 이동하는 약탈식 사냥을 하였다. 당시의 교역 규모를 보면, 1742년 한 해 동안에만 포트 요크에서 13만 마리의 비버와 9000마리의 담비가 거래되었다. 이러한 방식으로 남획을 한 결과 모피 동물들의 개체 수는 급격히 줄어들었다. 심지어 동물이 아주 많았던 미국 서부 태평양 연안 지역조차 사냥을 시작한 지 40년 만에 동물들이 사라져 버렸다. 바다표범이나 고래도 이러한 방식으로 엄청나게 살육되어 수가 줄어들었다. 그 결과 지구 생태계의 종 수는 급격히 줄어들었다. 1600년에서 1900년 사이 4년마다 한 종씩 멸종되었는데, 1970년에는 한 해에 1000여 종이 사라졌다. 열대 삼림에서는 매일 약 50종의 식물과 동물이 사라지고 있다고 한다.

한편, 아메리카 들소의 경우 유럽인들이 본격적으로 이주를 시작하기 전에는 4000만 내지 6000만 마리가 있었던 것으로 추정된다. 백인들로부터 말과 총을 얻어 들소 사냥에 나선

아메리카 원주민들은 연간 30만 마리 정도를 죽였는데, 이러한 정도의 사냥은 자연적으로 회복할 수 있는 수준을 넘지 않는 것이었다. 그러므로 유럽인들이 본격적으로 들소 사냥을 시작한 1830년대까지는 들소의 수가 원래의 규모를 유지하고 있었다.

유럽인들은 처음에는 고기를 얻기 위해 들소 사냥을 시작하였는데, 연간 200만 마리를 잡기 시작하자 들소의 수가 줄어들기 시작하였다. 들소 가죽을 제품화하기 시작하면서 들소 살육은 급격히 늘어났으며 1871년 한 해에만도 300만 마리를 죽였다. 유럽인 들소 사냥꾼들은 들소를 잡으면 가죽만 벗겨 가고 시체는 그대로 방치하곤 하였다. 영화 '늑대와 춤을'에는 들소 시체들이 방치되어 있는 끔찍한 장면이 나온다. 무차별 살육의 결과 1890년대에 들소는 거의 멸종하였다. 일각에서는 이러한 무차별적인 들소 사냥의 목적 가운데 하나가 들소에 의존하고 있는 대평원 인디언들의 삶을 파괴하는 것이었다고 한다.

나그네비둘기의 경우는 더욱 심각하였다. 꼬리가 길고 우아한 푸른색의 나그네비둘기는 적어도 5조 마리 이상이 살고 있던 것으로 추산되는데, 그 수는 유럽인의 정착이 시작된 후에도 거의 200년간 큰 변화 없이 유지되었다. 그러나 1850년대 초에 오대호 지역과 뉴욕을 잇는 철도가 개통되자, 잘 조직된 사냥꾼들과 운송업자들이 값싼 비둘기 고기를 동부의 도시들에 공급하면서 본격적으로 대량 사냥이 시작되었다. 하루에 몇십만 마리씩 동부로 수송되었던 야생의 나그네비둘기는 1900년에 이르자 완전히 멸종했다.

＿폰팅(Ponting, C.), 『녹색세계사』

영국인이 차를 즐겨 마시게 되면서 무슨 일이 일어났을까

영국인이 차를 마시는 습관을 갖기 시작한 것은 세계의 다른 지역에서 일어난 일들과 많은 관련이 있다. 멕시코의 은 광산, 카리브 해역의 사탕수수 플랜테이션, 흑인 노예 무역, 중국의 도자기 수출 등과 밀접한 관련을 가지고 있었던 것이다. 특히 영국의 차 수요의 증가는 결국 인도에서의 아편 재배를 촉진하였고, 중국과 영국 간에 아편 전쟁이 발발하는 원인을 제공하였다.

아편 전쟁

함 께 해 보 기 ● 영국인이 차를 마시게 된 것이 어떻게 아편 전쟁의 원인이 되었는가에 대하여 조사하고, 이러한 사실은 무엇을 의미하는가에 관해 토론해 보자.

차, 은 그리고 아편

차를 마시는 습관을 유럽에 소개한 것은 네덜란드인이었다고 하는데, 영국에는 1644년에 처음으로 차가 수입되었다. 이후 차의 소비는 급격히 늘어나 1785년에 이르자 동인도 회사에서만 판매한 차의 양이 무려 1500만 파운드에 달하였다고 한다. 일부 학자들은 아마도 거의 동등한 양의 차가 세금을 피하기 위하여 밀수입되었을 것으로 추정하고 있다.

영국은 중국에서 차를 수입하면서 은으로 대가를 지불해야 했기 때문에 은이 계속 중국으로 유입되었고 그 결과 영국은 심각한 은의 부족을 경험하게 되었다. 중국은 약간의 모직물과 향료 등을 제외하면 영국으로부터 수입하는 물건이 극히 적었으나 영국은 중국으로부터 비단, 차, 도자기 등을 대량으로 수입하였기 때문에 무역 대금을 결제하기 위해 귀금속, 특히 은을 제공할 수밖에 없었다.

이미 17세기에는 지구 전체를 포괄하는 세계적 차원의 무역 체제와 분업 체계가 존재하고 있었다. 당시 세계의 양대 중심 지역은 인도와 중국이었으며 이들은 막강한 경쟁력이 있는 제조업을 가지고 있었다. 인도의 면직물은 세계 시장을 지배했고 중국의 산업 생산력, 농업, 수상 운송, 무역은 타의 추종을 불허할 정도였다. 특히 중국은 생산과 수출 양면에서 압도적 우위를 보이고 있었다. 도자기 생산에서도 그러하고 비단 생산에서도 경쟁자가 많지 않았다.

중국은 전 세계를 상대로 막대한 무역 흑자를 누렸으며 중국과 교역을 하던 영국을 비롯한 다른 나라의 상인들은 무역 적자를 은으로 메울 수밖에 없었다.

무역 적자의 해결은 아메리카, 특히 멕시코에서 채굴된 은 덕분에 가능했다. 16세기 중반부터 19세기 초까지 아메리카에서는 13만 3000톤의 은이 생산되었으며 그 중 10만 톤이 유럽으로 반입되었는데, 그 가운데 최소 3만 2000톤이 무역을 통해 중국으로 흘러 들어갔을 것으로 추정되고 있다. 다른 경로를 통해 중국으로 반입된 것까지 모두 합칠 경우 일부 학자는 이 기간 중 중국으로 유입된 은의 양을 6만 8000톤으로 추산하기도 한다. 이는 1600년 이후 전 세계에서 생산된 은의 절반에 달하는 규모였다.

이러한 상황에서 18세기 말 영국 정부가 차에 대한 수입 관세를 인하하자 일반 국민 사이에서도 차를 마시는 풍습이 보급되어 차의 수입이 급증하였다. 중국 무역의 독점권을 갖고 있던 영국 동인도 회사는 인도산 면화와 아편을 중국으로 수출함으로써 차의 구매 자금을 조달하려고 하였으나 중국 북부의 면화가 인도 면화보다도 싼 가격으로 공급되기 시작하면서 대중국 무역 수지는 더욱 악화되었다. 이에 동인도 회사는 중국인의 기호에 맞도록 정제한 아편을 모험적인 민간 상인을 통해 중국에 팔기 시작했으며 중국에 밀수되는 아편의 양은 해마다 크게 늘었다.

그 결과 1830년대가 되자 중국으로 유입되는 은의 양보다 중국에서 유출되는 은의 양이 늘어나게 되었으며 중국에서는 은 가격이 뛰어오르기 시작했다. 은본위제였던 중국에서 은이 썰물처럼 빠져나가자 중국의 경제는 커다란 타격을 받아 혼란에 빠졌으며, 특히 세금을 은으로 납부해야 했던 농민들에게 은 가격의 상승은 엄청난 고통이었다. 중국 정부로서는 아편 중독자의 증가라는 사회적 문제는 물론, 은의 유출로 인한 경제적 파탄에 대처하기 위해서도 아편 무역을 금지하는 조치를 취하지 않을 수 없었다.

이에 대해 영국 정부는 국내외의 격렬한 비난을 무릅쓰고 아편 무역을 수호하기 위해 전쟁을 시작하였는데, 여기에는 크게 두 가지 이유가 있었다. 하나는 아편을 이용하여 중국으로부터 얻은 은이 영국을 중심으로 미국, 오스트레일리아, 중국, 인도를 연결하는 세계 무역의 결제 수단으로 매우 중요했기 때문이다. 또 하나의 이유는 아편의 전매 수입이 인도의 재정 수입에서 큰 비중을 차지하고 있었으므로 아편 무역은 인도에 대한 영국의 제국주의적 지배 유지에도 중요하였기 때문이다. 1840년에 일어난 아편 전쟁은 이러한 추악한 경제적 배경을 가지고 있었다.

__프랑크, 『리오리엔트』; 민츠(Mintz, S.), 『설탕과 권력』

 마무리

1 우리의 삶은 오랜 기간에 걸친 세계화 과정에 의해 형성되었으며, 특히 '지리상의 발견' 이후 유럽의 팽창에 의해 큰 영향을 받았다.

2 유럽의 팽창 과정에서 수많은 원주민 사회가 파괴되었으며 수많은 사람들이 목숨을 잃었다. 또한 유럽인의 모피 교역 등의 경제 활동은 생태계를 파괴하고 원주민들의 사회와 문화를 크게 변형시키기도 하였다.

3 영국인의 차를 마시는 습관의 발전이 은의 급격한 이동을 초래하여 아편 전쟁의 원인이 되었다는 사실이 보여주듯이 오늘날 우리가 살고 있는 세계는 서로 영향을 주면서 형성되었다.

03 세계화의 그늘

✚ 유럽의 산업화와 발전이 아시아 등 다른 지역의 몰락이나 저발전과 어떠한 관련을 가지고 진행되었는지 알아본다.

영국인들이 즐겨 마시면서 유명해진 홍차는 원래 중국에서 수입된 것으로서 처음에는 상류 계급이 마시기 시작하였으나 오래 지나지 않아 가난한 사람들, 특히 노동자들에게도 친숙한 것이 되었다. 설탕을 듬뿍 넣어 달게 만든 뜨거운 홍차는 영국인들이 일손을 멈추고 잠시 쉬는 시간에 필수 불가결한 것이 되었다. 차는 또한 정부의 중요한 수입원이기도 했다. 미국 독립의 중요한 계기가 되었던 보스턴 차 사건도 영국 정부가 차에 부과한 높은 세금에 항의하여 일어난 것이다. 1840년대 영국 정부는 중국에서 수입되는 가장 싼 홍차에도 무려 350%의 세금을 부과하고 있었다.

차의 소비가 증가하면서 설탕의 소비 또한 꾸준히 증가하였는데, 이는 영국인의 식단에도 커다란 변화를 가져왔다. 설탕은 19세기 초에는 영국인의 전체 칼로리 섭취량 중 2% 정도만을 차지하였으나 각종 식품에 광범위하게 사용되기 시작하면서 그 비중이 급격히 증가하였다. 그리하여 19세기 말에 이르자 영국인들은 전체 칼로리의 14%를, 20세기에 들어와서는 자그마치 전체 칼로리의 6분의 1을 설탕에서 섭취하게 되었다. 이러한 현상은 영국에만 국한된 것이 아니었으며 설탕은 전 세계의 가난한 노동자들의 만

성적인 칼로리 부족을 보충하는 데 크게 기여하였다.

　설탕의 소비가 이렇게 엄청난 규모로 증가할 수 있었던 것은 무엇보다도 카리브해 유역의 사탕수수 플랜테이션이 대량으로 설탕을 생산할 수 있었기 때문이다. 플랜테이션의 농장주들은 설탕 생산을 위하여 아프리카에서 노예를 수입하였다. 이렇게 홍차의 소비와 설탕의 소비, 그리고 플랜테이션 농업과 노예 무역은 서로 깊은 관련 속에서 진행되었다.

 단 작　생 산 과　세 계 화

'지리상의 발견'에 의해 촉진된 세계화는 19세기 후반에 공황을 거치면서 더욱 급격히 진전된다. 세계의 여러 지역들은 지금까지 보지 못하던 규모로 확대된 상품의 흐름에 편입되었다. 식량은 물론, 공업용 작물, 커피와 차 등 카페인 음료, 금과 다이아몬드 등이 특히 그러한 흐름에서 중요한 위치를 차지하였다.

　물론 이러한 국제적인 상품의 생산과 매매의 네트워크는 고대부터 존재하고 있었다. 그러나 자본주의의 발전과 더불어 생산 방식은 물론 상업적 네트워크에도 질적인 변화가 발생하였다. 단순히 지역적 가격 차이에 의해서 상업적인 이익이 발생하는 것이 아니라 상업이 생산 과정 자체에 깊이 개입함으로써 이익을 창출할 수 있게 되었던 것이다. 그렇게 해서 등장한 것이 하나의 지역에서 하나의 상품 생산에 집중하는 특화나 단작 생산(monoculture)이다.

우리가 현재 알고 있는 세계 각지의 주요 생산품 중 상당수는 유럽의 산업화 과정과 밀접한 관련을 가지고 발전한 것이다. 전 지구적인 규모로 밀의 재배나 소의 사육 등이 특화되고 확대된 것 또한 세계화 과정의 일부이다.

함 께 해 보 기 ● 우리나라도 일제 식민지 지배를 받고 세계화에 편입되면서 전통적인 다양한 농업 생산 방식이 사라지고 미곡 중심의 단작 생산 기지로 변화하였는데, 이러한 단작 생산이 경제와 환경, 생활에 어떠한 영향을 미쳤는가에 대하여 알아보자.

지역적 특화와 단작 생산

하나의 지역에서 하나의 제품이나 원료의 생산을 특화하였다는 사실은 세계의 다른 지역들이 이 지역에 식량이나 노동력을 공급하게 되었다는 것을 의미한다. 그러므로 하나의 지역이 하나의 상품의 생산에 깊이 관여하면 할수록 세계 시장 수준에서의 변화가 그 지역의 경제뿐 아니라 가족과 친족, 지역 사회, 계급 등에도 더욱 큰 영향을 미치게 되었다.

이러한 새로운 방식의 원료와 제품 생산은 세계 여러 지역 간의 관계를 크게 변화시켰다. 영국은 미국의 면화, 그리고 나중에는 이집트 및 인도의 면화에 의존하게 되었는데, 그 반면에 이들 지역들은 면화의 생산에 전문화된 결과 다른 지역으로부터 식량 및 기타 공산품을 공급받아야만 하게 되었다. 영국의 경우 18세기까지만 해도 식량을 자급하면서 약간의 잉여 농업 생산물을 수출할 수 있었으나, 19세기 말에는 밀의 80%, 그리고 육류의 40%를 해외에서 수입하게 된다. 미국 남부의 면화 지역은 거의 전적으로 북부의 공산품과 서부의 밀에 의존하게 된다.

지역적인 전문화는 여기에만 그친 것이 아니었다. 설탕, 차, 고무 또는 커피 등의 열대 산물을 대규모로 경작하기 위하여 세계 영역 전체가 설탕, 차, 고무 또는 커피 플랜테이션으로 탈바꿈하였다. 플랜테이션은 하나 혹은 둘 정도의 환금 작물의 생산에 집중하고 있었기 때문에, 노동자들은 식량과 기타 필요한 상품들의 공급을 거의 전적으로 농장 주인이나 회사에 의존할 수밖에 없었다. 쌀을 주식으로 하는 아시아의 경우, 플랜테이션 농장의 확대는 곧 쌀을 생산하지 않는 지역으로의 수출을 목적으로 하는 쌀 생산의 증대와 동시에 이루어졌다.

산업 활동이나 하나 혹은 소수의 작물이나 원료 생산에 집중하지 않은 세계의 다른 지역들은 노동력의 공급을 담당하게 되었다. 이렇게 세계 여러 지역들이 산업 자본주의의 주도하에 서로 관련을 깊이 맺게 되었으며, 각 지역의 사회와 문화는 이러한 관계에 의해 커다란 영향을 받으며 변화를 겪게 되었다.

국제적 분업이란 각 국가가 자국에서 가장 잘 생산할 수 있는 상품을 자유로이 선택하여

한 태도와 규범을 가르친다. 교과 과목이나 교과서의 내용은 전통적인 성 역할을 강조하며 남자와 여자가 추구하는 직업이나 경력을 차등적으로 보여 준다. 특히 교사와 학생 간의 상호 작용은 소수 집단 학생들에게 커다란 영향을 미친다. 미국의 경우를 보면 초·중·고등학교 교사의 대부분은 중산층 백인이고 학교 교육이 추구하는 가치와 목표 역시 중산층 지향적이기 때문에 소수 인종 학생들이 종종 무시당하고 제대로 인정받지 못하는 경향이 있다.

예를 들어 백인 학생이 질문을 하면 교사는 칭찬을 하고 성실하게 답변하는 반면 흑인 학생이 질문을 하면 무시하거나 수업 분위기를 흐리려는 의도로 해석하고 꾸중을 하는 경향이 많다는 연구 결과가 있다. 더욱 심각한 문제는 교사들이 소수 인종 학생들의 학업 능력이나 잠재력에 대해서 처음부터 부정적인 인식을 갖고 있기 때문에 이러한 태도가 학생의 자신감과 자긍심을 낮추게 된다는 점이다. 이것은 소수 인종 학생의 학업에 대한 관심과 노력을 줄이게 되고 결과적으로 낮은 학업 성취도로 연결되어 애초에 교사가 갖고 있던 부정적 인식이 옳았음을 증명하는 것으로 나타난다.

매스미디어, 특히 텔레비전은 아동과 성인의 사회화에 중요한 역할을 한다. 비록 과거 수십 년 동안 상당한 진전이 있었음에도 불구하고 미디어는 여전히 여성과 소수 인종에 대해서 정형화된 시각을 보이고 있다. 예를 들어 텔레비전 프로그램에서 여성이 출연하는 빈도는 남성이 출연하는 것에 비해서 현저히 적고, 출연한다 하더라도 주로 아내, 비서, 여자 친구와 같이 보조적이거나 남성에게 의존적인 역할을 맡는다. 상업 광고에서도 남자 모델은 고급 자동차, 컴퓨터, 금융 서비스를 선전하지만 여자 모델은 세탁 세제, 청소기, 화장품을 선전한다. 이러한 미디어 표현은 남자는 공적이고 생산적인 영역을 담당하며 여자는 사적이고 비생산적인 영역을 담당한다는 인식을 시청자들에게 심어 준다.

할리우드 영화에서 남성과 여성, 백인과 소수 인종에 대한 고정관념은 많은 사회적 변화에도 불구하고 크게 개선되지 않았다. 무자비한 흑인 갱에 맞서 싸우는 백인 형사의 영웅적인 모습을 담은 영화는 부지기수이며, 이런 영화가 인종 차별이라는 비판을 받게 되자 최근에는 중동 테러리스트에 맞서 싸우는 백인 첩보원의 활동이 단골 메뉴가 되었다.

이러한 미디어의 왜곡된 표현에 반복적으로 노출된 사람들은 그것이 마치 사실인 것처럼 인식하여 소수 집단에 대한 편견을 형성하고 실제 생활에서 소수 집단이 겪는 부당한 대우를 인과응보로 생각하기 쉽다는 데 문제가 있다.

_윤인진, 「소수 차별의 메커니즘」

이 주 노 동 자 의 인 권

"어머, 이 가게에는 시커먼 사람이 많네. 얘네들은 냄새도 참 이상해!" 동네 가게에 물건을 사러 온 한 아주머니의 거침없는 말은 한국어를 알아듣는 동남아시아 출신 이주 노동자들의 가슴에 비수처럼 박힌다. "저희의 까만 피부 속에도 아주머니와 똑같이 빨간 피가 흐르고 있습니다. 저희도 인간입니다." 동남아시아 노동자의 이 절규는 한국 사회의 인권 실태를 또 다른 측면에서 성찰할 것을 요구하고 있다.

외국인 노동자에 대한 차별에 항의하는 사람들

세계화는 일자리를 찾아 국경을 넘는 사람들의 수를 더욱 증가시켰다. 경제력이 약한 나라에서 일을 찾지 못한 사람들이 더 많은 임금을 받을 수 있는 다른 나라에 가서 일을 하는 것이 어제오늘의 일은 아니다. 우리의 경우에도 일제 강점기에 일자리를 찾아 일본이나 중국으로 간 선조들이 있었고, 1960년대에는 독일에 가서 광부와 간호사로 일했으며, 1970년대에는 열사의 땅 중동에 건설 노동자로 나가 일했다. 6 · 25 전쟁 후 경제 개발을 추진하는 과정에서 독일과 중동에서 땀 흘려 번 외화는 한국의 경제 발전을 위한 토대에 일조를 했다. 그런 우리나라도 1990년대 중반 이후 본격적인 이주 노동자들의 수입국이 되었다.

함 께 해 보 기
● 우리 주위에서 만나는 이주 노동자들은 어떤 어려움을 겪고 있는지 조사해 보자.
● 나는 혹시 피부색에 따라 사람들을 차별하지는 않는지 반성해 보자.

'살색'에 들어 있는 편견

이주 노동자들은 한국에서 일하고 생활하는 것이 어렵다고 말한다. 실제로 1998년 홍콩의 한 자문 회사가 400명 이상의 이주 노동자들을 대상으로 조사한 바에 따르면, 한국은 아시아의 11개국 중에 외국인 노동자들이 살기에 가장 열악한 국가로 선정되었다. 이주 노동자들이 지적하는 것은 한국인들이 그들과 피부색이 다르거나 가난한 국가에서 온 사람들을 무시하며, 다른 나라의 문화를 인정하지 않는다는 것이다.

피부색과 국적에 따라 서열을 매겨 차별하는 한국인들의 태도를 잘 드러내 주는 일화가 있다. 몇 년 전 국내의 이주 노동자들은 국가 인권 위원회에 크레파스 색에서 '살색'의 이름을 바꿔 달라는 청원을 했다. 우리나라에서 사용하는 살색이라는 용어는 한국인들의 피부색과 같은 색만 살색이고 다른 피부색은 살색이 아니라는 관점이 깔려 있기 때문이다. 실제로 미국의 한 크레파스 회사가 '살색'이라는 상표의 크레파스 세트에 다양한 인종의 피부색을 모두 포함시키기도 하는 것과는 대조적인 현상이다.

한국에서 일하는 많은 이주 노동자들은 대부분 한국에 오기 위해 진 빚을 갚고 가족들에게 돈을 보내기 위해서 열심히 일한다. 그러나 이들의 한국 생활은 욕설이나 폭행에 시달리거나 몇 달 치 임금을 받지 못하기도 하는 등 고난의 연속이다. 더 안타까운 것은 이들의 작업이 대부분 위험한 일이며, 언어 장벽으로 인해 충분한 안전 교육을 받지 못하고 일을 하기 때문에 작업 중 손가락이 잘리거나 얼굴에 화상을 입기도 하는 위험스러운 삶을 보내고 있는 것이다. 우리는 인종이 다르거나, 아니면 우리보다 가난한 나라에서 왔다는 이유로 그들의 기본적 인권을 침해하고 있다는 사실을 간과하고 있다.

 마무리

1 생물학적 인종과 사회적 인종 개념은 구분되며, 인종 차별은 생물학적 차이를 문화적 우열과 차별의 근거로 이용하는 것이다.

2 다인종·다문화 사회에서 다른 인종과 민족, 종족, 문화와 공존하기 위해서는 관용의 정신과 소수자들에 대한 인정과 배려가 필요하다.

3 차별은 문화적으로 학습되고 사회화되는 것이므로 차별 철폐를 위해서는 학습과 사회화 과정에서부터 차별받는 자들에 대한 문화적 편견을 극복하려는 노력이 필요하다.

02 성 차별

 이 단원에서는
✚ 남성과 여성이 문화적으로 어떻게 구분되는지를 이해한다.
✚ 남녀간의 성적 불평등이 여성에 대한 차별로 나타나는 양상을 살펴본다.
✚ 여성에 대한 차별 문제가 다른 사회 제도와 밀접하게 연결되어 있는 구조를 알아본다.

인종이나 종족, 계급과 마찬가지로 남성이냐 여성이냐 하는 성별은 집단의 정체성이나 한 사회의 권력 구조 형성에서 매우 중요하다. 여성은 인구 규모에서 결코 열세가 아니지만 권력과 사회적 지위 면에서 불리한 위치에 있기 때문에 소수 집단으로 간주할 수 있다. 그렇다면 남녀간의 성적 불평등은 어떠한 결과를 가져오는가.

 ## 인도의 지참금 제도에 나타난 여성의 지위

우리나라에서 혼수 문제로 인하여 가정 불화가 일어나고 이혼을 하는 경우까지 생겨나는 것과 비슷하게 인도에서는 지참금 제도로 인하여 매년 수백

인도의 결혼식

● 난민들이 대규모로 혹은 급작스럽게 유입되어 어려움을 겪은 사례들을 살펴보자. (1994년 탄자니아에 하루 동안 25만 명의 르완다 난민이 몰려든 경우 등)
● 탈북자를 난민으로 볼 것인가 아닌가에 대하여 찬반 토론해 보고, 그 결과를 토대로 유엔이나 관련 정부에 제출할 보고서를 공동 제작해 보자.

탈 북 자 와　난 민

최근 들어 UNHCR과 한국 정부는 중국으로 탈출한 북한 주민들 중 소수에게 난민의 지위를 부여하기 시작했다. 그러나 대부분의 경우 UNHCR은 국제법상의 한계 때문에 신중할 수밖에 없는 처지이며, 한국 정부는 중국과의 외교적 마찰과 북한 정부와의 관계를 고려하여 '조용한 외교'를 유지해 왔다. 이러한 정황으로 미루어볼 때, 장길수 군 가족 사건(2001년 6월 베이징 소재 UNHCR 사무실에 전격 진입하여 국제 사회를 떠들썩하게 한 사건) 및 2002년 3월 탈북자 25명의 베이징 소재 스페인 대사관 진입 사건에서처럼 극적인 상황이 벌어지지 않는 한 탈북자들이 인도주의적 차원에서 보호나 원조를 받을 확률은 극히 낮다.

베이징 주재 한국 대사관에 머물다 인천 국제 공항을 통해 입국한 여성 탈북자들(2003년 5월)

　탈북자에 대한 중국의 기본적 입장은 난민 지위 부여로 인한 북-중 관계 악화 및 대량 탈북 유도 등의 부담을 피해야 한다는 것이다. 따라서 중국이 탈북자 사태에 대처하는 기준은 정치적 망명이냐 환경으로 인한 망명이냐에 대한 고려가 아니라 불법 입국과 체류 여부이다.
　사실 중국에 체류하고 있는 탈북자들 중 일부는 국제법이 인정하는 정치적 난민임에도 불구하고, 중국 정부는 모든 탈북자들에 대해 예외 없이 "난민이 아니라 음식과 돈을 구하기 위해 경제적인 목적으로 국경을 넘어온 불법 체류자들일 뿐"이라고 규정하고 있다. 이러한 중국 정부의 태도가 바뀌지 않는 한 중국 내 탈북자 보호의 실효성은 극히 적을 수밖에 없다. 그러므로 북한 주민들은 자국 내에서 기아 사태를 버텨 나가거나 중국으로 도망 나와 언제 강제 송환될지 모르는 공포 속에 도피 생활을 하는 것 외에는 별다른 대안을 가지고 있지 않은 것으로 보인다.

난민 문제와 우리나라의 난민 정책

우리나라는 1992년에 유엔 난민 협약에 가입하였지만, 난민의 지위를 처음으로 부여한 것은 2001년 2월이었다. 에티오피아 반정부 인사인 타다세 데레세 데구가 우리나라 최초의 난민이다. 우리나라에는 대규모 난민이 유입된 사례가 없지만, 난민 지위를 신청한 외국인들 중 난민으로 인정을 받은 사람의 비율은 다른 나라에 비해 매우 낮다. 이러한 인색한 난민 정책은 탈북자 보호를 위한 우리의 노력과 함께 한번쯤 생각해 보아야 할 문제이다.

함 께 해 보 기 ● 만약 정치적·종교적 탄압을 피해 대규모의 난민들이 우리나라에 유입된다면 어떠한 일들이 생길까 생각해 보고, 난민을 수용할 수 있는 조건으로는 어떤 것들이 갖추어져야 하는가 토의해 보자.

난민 유입과 정착

난민들은 체류국의 인구 및 환경 압력이나 경제적 부담을 가중시킬 수 있다. 전 지구적 환경 훼손 정도를 감안한다면, 난민에 의한 환경 변화란 미미한 수준에 불과하다. 그러나 오늘날 대다수의 난민들이 전쟁, 과잉 인구, 기근, 가난 등으로 피폐해진 저개발 국가들에 체류하고 있다는 점을 고려할 때, 체류 지역 내 인구 밀도의 급격한 증가는 이미 지역 주민들의 자연적 인구 증가 문제를 해결해야만 하는 상황과 맞물려 해당 정부나 지역 사회에 커다란 부담을 지우게 된다.

특히 많은 수의 난민들이 장기간 체류할 경우, 난민 캠프나 정착 지역 주변의 환경 파괴가 더욱 심각해질 것이다. 일반적으로 사람은 재정착하고자 할 때, 환경적으로 더 나은 지역을 선택한다. 그러나 한계 상황에 처한 난민들은 이주 지역을 선택하지 못하고, 환경적으로 취약한 지역에 설립된 난민촌 등에 살게 된다. 더욱이 난민들은 자신들의 소유도 아닌 임시 거처의 환경을 보호하고자 하는 책임감이나 동기가 없기 때문에 구할 수 있는 자원을 무분별하게 이용하게 되어 결과적으로 환경 악화를 가속시킨다. 이로 인해 부족한 천연자원을 두고 원주민과 난민들이 경쟁하게 되거나, 오히려 원주민들이 다른 지역으로 쫓겨나는 상황이 발생하기도 한다. 역설적으로 환경이나 정치 문제로 발생한 난민들이 체류국에서 또 다른 난민 문제를 발생시키는 환경 변화나 정치적 갈등을 초래할 수 있다는 것이다.

마무리

1 지구상에는 전쟁과 박해, 학살을 피해 고향을 떠나 국경을 넘는 수천만 명의 난민들이 존재하며, 난민 문제는 인류가 공동으로 해결해야 하는 중요한 인권 문제의 하나이다.

2 유엔 난민 고등 판무관 사무소(UNHCR)를 중심으로 한 국제 기구들과 국제법은 난민의 지위 인정과 수용 등에 관하여 기본적인 개념과 절차를 정하고 있으며, 각국은 관련 국제법에 따라 난민 문제를 해결하는 데 적극적으로 협력하여야 한다.

3 탈북 주민 문제를 인도적으로 해결하기 위해서는 우리나라와 인접국 및 국제 사회의 협력이 절실히 필요하다.

더 읽어 볼 책들

강순원, 『평화 · 인권 · 교육』, 한울아카데미, 2000.

마가렛 미드, 조혜정 옮김, 『세 부족사회에서의 성과 기질』, 이화여자대학교 출판부, 1998.

박노자, 『당신들의 대한민국』, 한겨레신문사, 2001.

홍세화, 『쎄느강은 좌우를 나누고 한강은 남북을 가른다』, 한겨레신문사, 1999.

IV 평화, 멀지만 가야 할 길

인간이 살아가는 데 폭력은 불가피한 것인가? 인간은 본래 공격적이고 폭력적인 동물인가?
그렇지 않다면 왜 폭력은 끊임없이 발생하는 것일까?
폭력의 원인은 인간의 본성에 있는 것인가 아니면 구조적인 문제에 있는 것인가?
우리는 잔혹한 전쟁의 참상이나 기아, 살인, 고문, 폭행과 같은 비인간적인 사건들을 목격하면서
이러한 질문을 마음속에서부터 던지게 된다.
다른 한편으로 우리는 우리 안에도 이러한 폭력의 요소들이 숨어 있고
이러한 폭력이 일상적으로 행해지고 있는 것을 쉽게 발견하기도 한다.
갈등과 폭력의 씨앗은 모든 사회에 존재한다. 그러나 갈등을 해결하는 방식은 문화마다 다르다.
어떤 사회에서는 갈등이 폭력을 낳고 폭력이 다시 폭력을 부르는 악순환이 반복된다.
그러나 어떤 사회에서는 갈등을 해결하기 위해 서로를 더 이해하게 되고,
더 나은 화합과 연대를 만들어 평화를 구축하기도 한다.
그러므로 갈등 그 자체보다는 갈등을 어떻게 해결하는가가 더 중요하다.
여기에서는 우리 안에 있는 폭력 문화의 실태를 깨닫고,
국가 안에서의 구조적 폭력과 집단 폭력 및 국가 간의 전쟁과 민족 분쟁을 이해하며,
나아가 지구촌 사회에 평화를 구축하기 위해 전개되고 있는 평화 운동과 평화 문화를 실천하는
구체적 방안들에 관해 살펴보고자 한다.

✚ 폭력은 불가피한 것이 아니라 예방하고 치유할 수 있는 것임을 깨닫는다.

✚ 물리적 · 구조적 · 문화적 폭력과 민족 분쟁, 전쟁 등 폭력의 다양한 형태를 살펴본다.

✚ 우리 안의 일상적인 폭력 문화를 지속시키는 원인이 무엇인가를 생각한다.

✚ 평화를 구축하기 위한 평화 운동과 평화 문화 만들기에 참여하고 이를 실천한다.

"전쟁은 인간의 마음속에서 생기는 것이므로 평화의 방벽을 세워야 할 곳도 인간의 마음속이다."

__ '유네스코 헌장' 중에서

01 우리 안의 폭력 문화

 이 단원에서는

+ 가정 폭력, 학교 폭력, 언어 폭력, 차별과 무관심 같은 우리 안의 일상적인 폭력 문화의 실상을 이해한다.
+ 평화와 폭력이 왜 문화의 문제인가를 생각하고, 우리 안의 다양한 폭력 문화를 관찰하고 반성한다.
+ 타 문화에서는 갈등을 어떻게 해결하는가를 살펴보고, 우리 안의 폭력 문화를 평화의 문화로 전환하기 위해서는 어떠한 일들이 필요한지 생각한다.

오늘날 지구촌은 하루도 전쟁과 폭력 사건 없이 지나가는 날들이 없다. 아프가니스탄과 이라크 전쟁, 국제 테러, 무차별 총기 난사, 핵무기 개발, 종교 전쟁이나 인종 청소와 같은 극단적인 폭력들이 '문명사회'의 일부처럼 되었다. 우리 한국 사회도 예외가 아니다. 멀리 거슬러 올라가지 않더라도 일본의 강압적 식민 통치와 침략 전쟁으로 인한 폭력의 희생자들, 소련에 의한 중앙 아시아와 사할린에의 조선인(고려인) 강제 이주, 6·25 전쟁과 극단적 좌우 대립에 의한 폭력 사건들, 4·19와 5·16 등 정치적 굴절 사건들, 군사 독재 시절의 고문과 인권 탄압, 광주 민주화 운동 등 민주화 과정에서의 유혈 사태들, 반세기 동안 지속되고 있는 분단과 군비 경쟁, 노사

6·25 전쟁—피난민들

대립과 폭력, 시화호·새만금·동강 등의 개발 및 도로 건설·핵 폐기물 처리장 건설을 둘러싼 갈등과 폭력 사건들……. 과연 우리는 평화롭게 살고 있는가? 교통 전쟁, 입시 전쟁, 취업 전쟁 등의 말이 상징하듯 '전쟁' 같은 일상에서 우리는 살고 있다. 상대를 어떻게든 거꾸러뜨려야 내가 살 수 있다는 전쟁의 논리, 공공의 안녕은 아랑곳없이 집단의 이익만 관철하면 된다는 이기주의적 사고방식이 지배하는 한 이 사회는 결코 평화로워질 수 없다. 타인에 대한 배려, 관용, 희생 정신과 같은 평화의 심성 없이 평화는 오지 않는다.

 ## 폭력의 경험과 폭력 문화

예전에 어떤 학자들은 남아메리카 아마존의 야노마모족과 같은 '야만인들' 은 항상 폭력을 일삼으며, 인간의 자연적 조건이란 '만인에 대한 만인의 투쟁'이라고 생각하였다. 과연 인간은 본래 폭력적인 존재인가? 어떤 사회는 다른 사회보다 더 폭력적인가? 무엇이 사회를 폭력적이도록 만드는가? 본래 공격적이고 폭력적인 사람들이기 때문인가, 아니면 어떤 다른 목적이나 요인 때문인가?

함 께 해 보 기 ● 자신이 지금까지 살아오면서 경험한 폭력들(가해 경험과 피해 경험)을 기억나는 대로 상세히 적어 보자. 그리고 이 폭력의 경험이 나, 가족, 학교, 사회, 국가와 어떤 관계를 지니는지 설명해 보자.

폭력에 관한 세비야 선언

1986년 5월 16일 스페인의 세비야에서 인류학, 심리학, 정치학, 철학 등 여러 분야의 저명한 학자 20여 명이 모여 '폭력에 관한 선언'을 발표했다. 이들은 "전쟁과 폭력은 인간의 동물적 근성이나 유전적 요인에서 유래하는 것이 아니며, 우성학적 공격성이나 폭력적 두뇌 조직과 본능의 산물도 아니다."라고 천명하였으며, 또한 "전쟁이나 각종 폭력 행동이 인간 본성에 유전적으로 프로그램화된 것이라고 말하는 것은 과학적으로 부정확하다."고 밝혔다. 따라서 우리는 인간 정신이 본래 폭력성을 지니고 있지 않다는 신념을 견지할 수 있게 되었으며, 인간의 생존 욕구, 소속 집단에의 정체성 등이 어떻게 조건화하고 사회화하는가, 어떤 환경을 만나는가에 따라 그것이 공격적이거나 폭력적으로 드러날 수도 있는 것임을 알게 되었다.

사나운 한국 남자들?

경찰청에 따르면 지난해 1년 동안 가정 폭력 사범으로 검거된 인원은 1만 6324명으로 2001년의 1만 5557명에 비해 4.9% 증가했다. 이는 매일 45명 정도가 가정 폭력 사범으로 검거된 셈이다. 실제로 지난 11일에도 만취한 남편의 폭력을 피해 3층 베란다에서 뛰어내린 40대 아내가 사망하는 사건이 발생했다. 이처럼 가정 폭력 문제가 심각해지면서 상담소의 문을 두드리는 이들이 급증하고 있다. 특히 최근에는 일반의 인식과 달리 일정 수준 이상의 소득과 상당한 사회적 지위를 갖춘 층에서 가정 폭력이 계속 늘어나고 있는 추세다. 주부 이모 씨(37)는 친정 어머니의 수술비를 몰래 도와주었다는 이유로 중견 기업 부장으로 일하고 있는 남편에게 상습적인 폭행을 당했다. 수십 차례 폭행을 당하던 이 씨는 '차라리 죽는 것이 낫겠다.'는 생각에 흉기로 자신의 손목을 그었다. 겨우 목숨은 건졌지만 이 씨와 초등학생인 아들 두 명은 정신과 치료를 받고 있다. 정모 씨(45)는 말을 잘 듣지 않는다는 이유로 10여 년 동안 자영업자인 남편으로부터 폭행을 당했다. 남편은 주먹으로 때리다가 가끔은 쇠파이프로 머리, 가슴 등 온몸을 구타하기도 했다. 정 씨는 '더 이상 맞다가는 죽을 수도 있다.'는 두려움 때문에 경찰에게 도움을 요청했다.

가정 폭력 처벌 특례법에 따라 각 지역 보호 관찰소를 통해 접근 금지, 사회 봉사 명령, 보호 관찰, 상담 위탁 등의 처분을 받은 가해자들을 직업별로 분석한 결과 회사원과 자영업자들이 꾸준히 증가하는 추세를 보이고 있다. 법무부 관계자는 "여전히 저소득층 가정의 가정 폭력 발생건수가 많지만 그 비율은 점차 줄어들고 있는 추세이다."라며 "의사나 교사, 중소기업 대표 등 사회적으로 일정 수준 이상의 지위를 가진 이들이 가해자로 검거되는 경우가 점점 늘고 있다."고 말했다. 가정 폭력은 우리나라만의 문제가 아니다. 지난해 유럽 의회는 유럽의 가정 폭력에 관한 보고서를 제출, "가정 폭력은 계층과 인종, 교육 정도에 관계없이 일어난다."며 "소득이 높고 교육을 많이 받은 계층에서 더 심한 경향을 보인다."고 지적했다.

_『국민일보』, 2003년 2월 13일

원상 회복·손해 배상 등의 조처를 취할 수 있는 준사법적 권한을 부여해야 한다. 시행된 지 10여 년이 지났으나 잘 지켜지지 않는 장애인 의무 고용 제도가 철저히 이행되도록 벌칙 조항을 강화하는 것을 비롯해 노동권과 이동권 보장을 위한 각종 정책도 시급하다.

우리 사회의 장애인은 여전히 편견의 자물쇠로 채워진 차별의 감옥 속에 살고 있다. '장애인의 날'(4월 20일)은 이제 '장애인 차별 철폐의 날'이 돼야 한다.

_『한겨레』, 2003년 4월 21일

 관용

우리는 '차이는 존중하되 차별은 배격한다.'는 태도를 가져야 한다. 이러한 태도는 곧 관용(tolerance)으로 이어진다.

관용은 다양성을 기본으로 하고 있다. 나와는 다른 생각을 가지고 있는 사람, 다른 모습을 하고 있는 사람, 다른 종교를 믿고 있는 사람, 다른 방식으로 삶을 살고 있는 사람을 있는 그대로 인정하는 것이다.

나와 다른 사람을 그 사람의 관점에서 이해하게 되면, 자연히 나와 다른 것을 관용으로 대하게 될 것이다. 따라서 관용은 다른 사람에 대한 이해의 출발이 아니라 이해의 끝에 적용되는 가치이다. 다시 말해 관용은 다른 사람

'세계 관용의 해' 로고

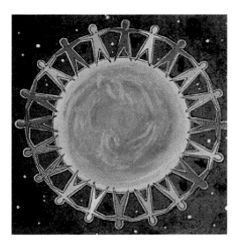

에게서 나와 다른 점을 발견했을 때 어떤 태도를 가져야 하는가의 문제이다. 흑백 논리의 단순함 속에서 자기편으로 끌어들이려 하거나 자기편이 아니기 때문에 배척하는 것이 아니라, 다양성을 인정하고 더불어 사는 지혜를 모색하자는 것이 관용의 기본이다.

함 께 해 보 기 ● 1995년은 유엔이 정한 '세계 관용의 해'였다. 세계 관용의 해에 세계 각국에서 이루어진 활동을 찾아보자.

톨 레 랑 스

'한 사회와 다른 사회의 만남'에서 내 가슴에 가장 깊게 각인된 것이 바로 톨레랑스 (tolérance)입니다. 톨레랑스란 첫째로, '다른 사람이 생각하고 행동하는 방식의 자유 및 다른 사람의 정치적·종교적 의견의 자유에 대한 존중'을 뜻합니다. 이 뜻은 내가 임의로 규정 하여 말하는 것이 아닙니다. 프랑스어 사전이 밝힌 톨레랑스의 첫 번째 뜻을 그대로 옮긴 것 입니다.

'당신의 정치적·종교적 신념과 행동이 존중받기를 바란다면 우선 남의 정치적·종교적 신념과 행동을 존중하라.' 바로 이것이 톨레랑스의 출발점입니다. 따라서 톨레랑스는, 당신 의 생각과 행동만이 옳다는 독선의 논리로부터 스스로 벗어나길 요구하고, 당신의 정치적 이 념이나 종교적 믿음을 남에게 강제하는 행위에 반대합니다.

톨레랑스의 요구는 정치적 성향에만 국한되는 것이 아니라 사회생활의 모든 영역에서 똑 같이 적용됩니다. 톨레랑스는 당신에게 당신과 다른 것을 인정하라고 말합니다. 이웃을 인정 하고, 외국인을 인정하고 또한 당신과 다른 생활 방식, 다른 문화를 인정하라고 요구합니다.

실제 사회생활에서 톨레랑스는 소수에 대한 다수의, 소수 민족에 대한 대민족의, 소수 외 국인에 대한 다수 내국인의, 약한 자에 대한 강자의, 가난한 자에 대한 가진 자의 횡포를 막 으려는 이성의 소리로 나타납니다. 그리고 권력의 횡포로부터 개인을 보호하려는 의지로 나 타납니다.

__홍세화, 『나는 빠리의 택시운전사』

 마무리

1 인류 사회에서 폭력과 전쟁은 항상 존재해 왔지만, 그것은 인간의 생물 학적 본성이나 역사 발전의 필연적 요소라기보다는 갈등 해결 방식으로 서의 문화이다.

2 폭력에는 직접적이고 물리적인 폭력, 간접적이고 정신적인 보이지 않는 폭력, 개인적 폭력과 집단적 폭력, 구조적 폭력이 있으며, 언어 폭력, 성 폭력, 학교 폭력, 가정 폭력 등 폭력의 문화는 일상생활에 깊이 침투해 있다.

3 소수자들에 대한 차별과 무관심도 더 심각한 폭력을 유발하는 잠재적인 폭력이며, 우리 안에는 다양한 형태의 폭력 문화가 잠재해 있다.

02 전쟁과 구조적 폭력

 이 단원에서는

✚ 구조적 폭력의 개념과 실태를 파악하고, 그것이 왜 계속 발생하는가를 알아본다.

✚ 전쟁과 구조적 폭력의 원인과 실태를 비교 문화 이해의 관점에서 이해한다.

✚ 집단적 · 구조적 폭력의 사례들을 통해 개인과 집단, 국가의 관계를 이해한다.

"모든 것이 죽어 갔다. 네 앞에 누워 있는 친구들의 다리와 손들을 보라. 참으로 무서워서 차마 생각할 수가 없다. 그것은 생지옥이다. 소년들은 묻히지도 못하고 며칠씩 땅 위에 방치되어 있다. 우리는 시체들을 넘어 다니며 싸워야 했다."

__1999년 베드메 전선에서 만난 에티오피아 고등학생 라시드와의 인터뷰 중에서.
소년 병사 철폐를 위한 연대 홈페이지(www.child-soldiers.org)

"만일 당신이

어떤 괴롭힘이나 체포와 고문, 죽음을

두려워하지 않고

자신의 신념과 양심에 따라

움직이고 말할 수 있다면

그렇지 못한 48명보다 축복받았습니다.

만일 당신이

공습이나 폭격, 지뢰로 인한 살육과

무장 단체의 강간이나 납치를

두려워하지 않는다면

그렇지 않은 20명보다

축복받았습니다."

__이케다 가요코 구성, 『세계가 만일 100명의 마을이라면』

베트남 전쟁에서 폭탄을 피해 벌거벗은 채로 달아나며 절규하는 어린 소녀의 사진을 기억하고 있는가? 6·25 전쟁으로 폐허가 된 마을에서 바닥에 앉아 혼자 울고 있는 어린아이의 사진을 본 적이 있는가? 코소보, 시에라리온, 동티모르, 수단, 아프가니스탄, 이집트……. 헤아릴 수 없이 많은 분쟁과 전쟁의 이름들. 전쟁에는 살인, 폭행, 고문, 강간, 기아, 질병 등 평화로운 시기에는 있을 수 없는 모든 형태의 잔혹한 반인권적 상황이 집단적이고 일상적으로 일어난다. 예를 들면, 1999년 에티오피아와 에리트레아 간의 국경 분쟁으로 인한 전쟁에서는 수많은 소년 병사들이 최전방 전선에 총알받이로 동원되었다. 또한 대부분의 전쟁에서는 여성들에 대한 집단적인 강간이 자행된다고 보고되고 있다. 전쟁이야말로 가장 잔혹하고 비인간적이며 집단적인 구조적 폭력이라고 할 수 있다. 인류 역사는 기원전 약

'전쟁의 공포' ― 베트남 전쟁에서 네이팜탄을 피해 달아나는 어린이들(1973년 퓰리처상 수상작)

인 종 주 의 와 인 종 차 별 정 책

유럽인들은 근세 시대까지도 인디언과 유색 인종을 자신들과 동일한 정신을 지닌 인간으로 인정하려고 하지 않았다. 인종주의는 현대 사회에도 뿌리 깊게 남아 있으며, 인종 차별이야말로 구조적 폭력이자 또 다른 폭력을 낳는 원인이다. 남아프리카공화국에서 수십 년 동안 자행되어 왔던 인종 차별 정책(apartheid)과 유럽의 많은 국가들의 도심에서 벌어지고 있는 극우주의자들의 외국인 혐오 범죄들, 우리의 외국인 차별도 모두 인종주의의 사례들이다.

인종 청소나 인종 말살을 내세우며 극단적인 폭력을 행하는 이면에는, 상대를 적으로 규정하고 비인간화하며 악마화함으로써, 선과 악을 분리하고 적대적 태도를 촉발시키려는 교육과 매스컴, 대중 조작이 자리잡고 있다. 이러한 마음속의 적대적 의식을 무장 해제하지 않고서 폭력은 사라질 수 없다.

함 께 해 보 기
● 현대사에서 대표적인 인종주의와 인종 차별 정책의 사례들을 찾아보자.
● 인종주의에 근거한 차별이 낳은 참혹한 상황을 다룬 영화, 책, 다큐멘터리 등을 보고 소감을 서로 이야기해 보자.

인 종 과 순 종

인류는 호모 사피엔스라는 하나의 종을 이루며, 생물학적 차이는 유전적 요인과 환경적 · 문화적 요인을 둘 다 반영한다. 인간의 유전적 형질은 매우 복잡하고 다양하며, 지구상에 순종이란 존재하지 않는다. 그러므로 인종을 나누는 어떠한 지역적 · 민족적 구분도 불가능하다. 한 집단의 문화적 특성과 체질적 특성 간에는 인과 관계가 없으며, 인종주의적 정치 선전은 전혀 과학적 근거가 없는 것이다.

_미국 체질인류학회, 「인종의 생물학적 측면에 관한 선언서」

인종이라는 말에서는 체질적 조건의 차이보다 이 말이 지니는 사회 · 문화적 함의가 더 중요하다. 인종이라는 말은 18세기 미국에서 유럽인들, 토착 인디언들, 노예로 끌려온 흑인들 사이의 위계를 정당화하는 개념으로 사용되었다. 인종은 하나의 이념이 되어 제2차 세계대전 동안 히틀러의 나치 일당에게 인종 말살을 자행하도록 하기도 하였다. 인간의 유전적 특징은 다른 모든 문화적 특징들과 결부되어 나타나는 것이 아니며, 인간의 행위는 양육과 교육의 과정을 통해 형성된다. 즉 인간의 기질은 유전적 성향과 관계없이 문화라는 의미와 가치 체계 안에서 형성된다. 그러므로 인간의 능력이나 행동 차이의 원인을 생물학적으로 설명할 수 없다.

_미국 인류학회, 「인종에 관한 선언서」

 마무리

1 인류 역사는 전쟁과 전쟁 상태로 점철되어 왔다. 현대로 올수록 전쟁은 더욱 규모가 큰 학살과 인명의 피해를 초래하는데, 전쟁의 결과는 모두가 희생자이고 승자도 패자도 없음을 가르쳐 준다. 그러므로 모든 전쟁과 분쟁을 방지하기 위한 평화 운동이 절실히 필요하다.

2 구조적 폭력과 '신성한' 폭력은 모두 인종, 민족, 종교에 대한 차별과 독선에서 기인한다. 이러한 차별과 독선을 방지하기 위해서는 다른 인종, 다른 민족, 다른 종교에 대한 관용과 이해가 필요하다.

03 평화의 문화 만들기

 이 단원에서는

✚ 평화의 문화란 무엇이며 어떻게 만들어질 수 있는가를 생각한다.
✚ 세계 역사 속에서 평화 운동을 실천한 위인들을 살펴보고, 지구촌 평화 운동과 평화의 문화 만들기의 다양한 실천 방안들을 생각해 본다.
✚ 평화 운동의 다양한 차원과 방법을 이해하고 내적 평화가 중요한 이유를 깨닫는다.

평화를 일깨우는 명언들

"우리가 타인들에게 행하는 것이 곧 우리 자신에게 행하는 것임을 통찰하지 못하면 우리는 폭력을 멈출 수 없다."_틱낫한

"만일 우리에게 평화가 없다면, 그것은 우리가 서로에게 속해 있다는 것을 잊어 버렸기 때문이다."_테레사 수녀

"적을 멸하는 가장 훌륭한 방법은 그를 친구로 삼는 것이다."_에이브러햄 링컨

"당신이 입술로 평화를 외치는 동안, 마음속에 평화가 더욱 충만하도록 하라."
_아시시의 성 프란체스코

"내적 평화가 없이 세계 평화란 있을 수 없다."_달라이 라마

"평화란 국가 간의 관계가 아니다. 그것은 영혼의 침잠에 의해 다가오는 정신의 조건이다. 평화는 단지 전쟁이 없는 상태가 아니다. 그것은 마음의 상태이다. 지속적인 평화는 평화스러운 사람들에게만 찾아 든다."_자와할랄 네루

"내가 할 수 있는 어떤 것도 우주의 구조를 바꿀 수는 없다. 그러나 나는 소리 높여 지구의 평화와 인류의 선을 향한 조물주의 위대한 일을 도울 수는 있을 것이다."_알베르트 아인슈타인

"비폭력이란 외적인 물리적 폭력뿐 아니라 영혼의 내적 폭력도 회피하는 것을 의미한다. 당신은 사람을 쏘는 것도 거절해야 하지만, 그를 증오하는 것도 거부해야 한다."_마틴 루서 킹 목사

"당신이 생각하는 평화를 사랑하기보다는 다른 사람들과 무엇보다도 신을 사랑하라. 당신이 전쟁광이라고 생각하는 모든 사람들을 증오하기보다는 전쟁의 진정한 원인인 당신의 영혼 속에 있는 탐욕과 혼란을 증오하라."_토머스 머턴

"평화의 시기에는 자식이 아버지를 묻고, 전쟁의 시기에는 아버지가 자식을 묻는다."
_헤로도토스

"모든 정의보다도 평화가 더 중요하다. 평화가 정의를 위해 있는 것이 아니라 정의가 평화를 위해 있는 것이다."_마르틴 루터

"평화는 피조물에 대한 신의 선물이 아니다. 평화는 서로에 대한 우리의 선물이라는 것을 인류는 잊어서는 안 된다."_엘리 위셀

 평 화 의 문 화

평화의 문화(Culture of Peace)란 살아 움직이는 평화를 의미한다. 그것은 일상생활 속의 인권 존중을 의미하며, 평화, 발전, 민주주의라는 세 요소가 상호 작용하여 만들어 내는 힘이다. 삶의 문화로서 평화의 문화는 서로 다른 개인이 더불어 살아갈 수 있게 하고, 서로 나누고 경청하며 보살피는 새로운 삶의 의미와, 빈곤과 배타적인 태도에 맞서 싸울 수 있는 민주주의에 바탕을 둔 사회적 책임감으로 이루어지는 것이다. 동시에 정치적 · 사회적 평등과 문화적 다양성을 보장하는 것이다.

1997년 유엔 총회는 2000년을 '세계 평화 문화의 해'(International Year for the Culture of Peace)로 선포했으며, 그 이듬해에는 2001년부터 2010년까지 10년을 '평화의 문화와 세계 어린이들을 위한 비폭력 10년' (International Decade for a Culture of Peace and Non-violence for the Children of the World)으로 지정했다. 이에 따라 유네스코는 2000년에 노벨 평화상 수상자들이 기초한 '평화의 문화와 비폭력을 위한 선언 2000' (Manifesto 2000 for a Culture of Peace and Non-violence)을 발표하고, 전 세계 1억 인 서명 운동을 전개했다.

함 께 해 보 기 ● 신문, 잡지, 인터넷의 평화 관련 기사를 통해 현재 진행되고 있는 평화 캠페인을 찾아보고, 어떻게 동참할 것인지를 토론해 보자.

● 21세기의 테러와 전쟁을 끝내고자 하는 염원을 담아 '세계 평화를 위한 호소문'을 공동 제작해 보자.

'평화의 문화와 비폭력을 위한 선언 2000'

2000년은 우리 모두에게 새로운 시작이어야 한다. 우리 모두 함께 힘을 모으면 전쟁과 폭력의 문화를 평화와 비폭력의 문화로 바꿀 수 있다. 이를 위해 모든 사람들의 동참이 필요하다. 또 그렇게 함으로써 우리는 존엄과 화합의 세계, 정의와 연대의 세계, 자유와 번영의 세계를 만들 수 있는 가치를 보여 주게 될 것이다. 평화의 문화는 지속 가능한 발전과 환경 보호 그리고 인간의 자아 실현을 가능케 할 것이다. 그래서 우리의 미래를 위한 나의 책임을 인정하며, 일상 생활과 가정과 직장과 지역 사회에서 그리고 더 나아가 국가와 국제 사회에서 나는 다음을 서약한다.

첫째, 차별이나 편견 없이 모든 사람의 삶과 존엄성을 존중한다.

둘째, 육체적 · 성적 · 심리적 · 경제적 · 사회적인 모든 형태의 폭력을 거부하며, 특히 약자에 대한 비폭력을 적극적으로 실천한다.

셋째, 배타와 불의 그리고 정치적 · 경제적 억압을 종식하기 위해 너그러운 마음으로 내 시간과 물질적 자산을 이웃과 나눈다.

넷째, 광신과 비방 그리고 타인에 대한 거부보다는 대화와 경청을 항상 선호함으로써 표현의 자유와 문화적 다양성을 옹호한다.

다섯째, 모든 생명을 존중하고, 지구 자연의 균형을 보전하는 발전 방안과 책임지는 소비자의 행동을 통하여 지구를 보존한다.

여섯째, 새로운 형태의 연대를 함께 만들기 위해 여성의 참여와 민주주의 원칙을 존중하는 공동체를 건설하는 데 기여한다.

2003년 3월 우리나라 시위 문화에 신선한 충격이 될 만한 사건이 있었다. 천주교, 불교, 기독교, 원불교의 종교인 4명이 모여 새만금 방조제 사업 중단을 요구했던 '삼보일배' 시위가 그것이다. 삼보일배는 세 걸음을 걸은 뒤 한 번 절하는 것을 반복하는 의식으로, 천주교의 문규현 신부와 불교의 수경 스님 등 네 사람이 말없이 걷고 절하며 전북 부안에서 서울까지 약 300km에 이르는 고행의 길을 떠났던 것이다. 간척 사업에 따른 환경과 생명 파괴의 폐해를 알리기 위한 삼보일배 시위는 종교를 떠나 인간의 탐욕과 무지, 폭력을 질책했고 이러한 살신성인의 비폭력 시위는 보는 이들의 눈과 가슴에 평화의 메시지를 깊이 새겼다.

갈등과 폭력보다는 몸을 낮추고 자신의 잘못을 돌아보는 삼보일배와 같은 비폭력 시위는 동서고금을 막론하고 가장 민주적이고 평화로운 운동을 대표한다. 전 세계적으로 여전히 무력과 군중에 의존하는 폭력 시위가 다수를 차지하고 있는 현실 가운데 변화를 만들고자 노력했던 이들의 비폭력 시위와 평화 운동은 그래서 더욱 값지다.

함　께　해　보　기　● 세계 평화를 지키고 평화를 일구는 사람이나 단체들을 찾아보고, 이를 토대로 새로운 평화 운동 지도자상에 대해 토론해 보자.

간디의 비폭력 불복종 운동

평화 만들기 운동을 하려고 한다면 우리는 역사의 위인들, 특히 비폭력 평화 운동을 몸소 실천했던 평화의 위인들로부터 먼저 배워야 한다. 이들 역사의 위인들은 평화를 실천하는 데 있어서 무엇이 남다른가?

간디의 일생을 좀더 잘 이해하기 위해서는 사티아그라하(satyagraha), 아슈람(ashram), 단식, 고행, 타협과 같은 힌디 용어들을 알 필요가 있다. 간디 철학의 핵심은 비폭력적 방법으로 진리를 따르는 것을 의미하는 사티아그라하라는 개념에 있다. 사티아그라하는 비폭력 저항으로 번역되기도 하는데, 이는 사람들이 폭력을 사용하지 않고 변화를 만드는 것이다. 예를 들면, 사람들은 어떤 법에 협조하지 않거나 적극적으로 그 법을 어김으로써 법에 저항할 수 있다. 그러나 이들은 경찰이나 군인들이 공격하거나 체포하더라도 폭력적으로 싸우거나 저항하지 않는다. 그들은 단순히 그들이 옳다고 생각하는 것을 행할 뿐이며, 그들의 행동 결과를 받아들인다. 이러한 행동은 더 큰 용기와 자기 조절 능력을 필요로 한다. 아슈람은 코뮌과 같은 형태의 힌두식 공동체로서 주민들은 규율과 원칙을 지키며 삶을 영위한다.

1904년에 간디는 남아프리카공화국에서 아슈람을 만들기 시작하였고, 여기에서 그는 사티아그라하 원리에 의해 제자들을 훈련시켰다. 인도에서는 1915년에 세워진 아마다바드에 있는 사티아그라하 아슈람이 국제적인 명소가 되었으며, 여기에는 인도뿐 아니라 영국, 미국, 유럽과 아시아 출신 제자들이 모여들었다. 1936년에 식민 정부는 이 아슈람을 폐쇄하였으며, 이후 간디는 세바그람 아슈람을 열고 불가촉 천민들의 교육과 시민권 문제에 집중하였다. 아슈람에서의 삶은 단순하고 자족적이며 고행과 명상에 의존하는 삶이다. 고행의 삶은 물질적 안락과 거리가 멀다. 예를 들면, 간디는 쌀과 채소만으로 식사를 하였다. 그가 늙어 잦은 단식으로 고통을 받았을 때 의사들은 그에게 약간의 염소 젖을 먹도록 설득하였다. 간디는 땅바닥이나 멍석 위에서 잠을 잤고, 스스로 만든 농부들의 옷 말고는 어떤 옷도 소유하지 않았다. 간디는 항상 물질적인 부가 아니라 영적인 풍요를 중시하였다. 한편, 간디에게 금식은 적을 압박하는 수단일 뿐 아니라, 음식도 돈도 없이 파업을 하는 가난한 노동자들을 지지하는 방법이기도 하였다. 간디는 일생 동안 여러 번 금식을 시도하여 정부가 그와 협상하도록 압력을 행사하였고, 민중들의 폭동을 두려워한 정부는 간디와 협상할 수밖에 없었다. 마지막으로 간디는 강한 신념을 지니고 있었으며, 목표를 달성하기 위해 적과 타협하였다. 간디는 타협이 폭력을 피하는 실천적 방법임을 깨달았다. 때로 군중들은 간디가 정부와 타협한 것에 불만을 가지기도 하였지만 간디는 비폭력 저항을 끝까지 지켰다. 결국 간디는 이슬람교도들과는 결코 타협할 수 없다고 믿는 힌두교도에게 살해되었다.

노 벨 평 화 상 역 대 수 상 자

노벨 평화상은 6개 분야의 노벨상 중에서도 가장 민감하고 대중적인 관심이 높은 상이라고 할 수 있다. 이 때문에 해마다 발표할 때면 세계의 이목이 집중되어 왔다.

올해 김대중 대통령이 이 상을 수상함으로써 김 대통령은 아시아인으로서 일곱 번째 평화상 수상자가 됐다. 아시아의 첫 평화상 수상자는 1973년 베트남 평화 협정을 성사시킨 르 둑 토 북베트남 쪽 대표였다. 미국 쪽 협상 대표였던 헨리 키신저와 공동 수상자로 발표된 르 둑 토는 그러나 나중에 수상을 거부했다. 1974년에는 일본의 사토 에이사쿠 총리가 평화국 선언과 평화 헌장 등으로 다른 지역 수상자들과 상을 나눠 받았다. 1979년 헌신적인 자원 봉사 활동으로 단독 수상한 인도의 테레사 수녀는 그 후 성인으로 추앙받으며 세계인의 사랑을 받았다. 1989년 티베트의 달라이 라마는 국권 회복 운동과 종교·정치 지도자 활동으로 상을 받았다. 1991년에는 미얀마의 아웅산 수지가 인권 투쟁과 민주화 업적으로 수상했고, 1996년 동티모르의 카를로스 벨로 주교와 호세 라모스 오르타가 동티모르 문제의 평화적 해결 노력을 인정받아 상을 받았다.

김 대통령처럼 현직 정부 수반으로서 평화상을 수상한 사람 중 대표적인 이로는 빌리 브란트 옛 서독 총리를 들 수 있다. 그는 1971년 옛 소련을 비롯한 동유럽 사회주의 국가들과의 관계 개선을 추진한 동방 정책과, 나치 정권의 만행을 인정하고 전 세계에 용서를 구한 점 등을 인정받아 수상했다. 당시 서독 연방 하원은 그의 수상 소식이 전해지자 회의를 잠시 중단하고 공식적으로 축하 행사를 갖기도 했다. 또 미하일 고르바초프 옛 소련 대통령은 1990년 동서 냉전 종식에 공헌한 점이 인정돼 상을 받았다. 1978년에는 매나헴 베긴 이스라엘 총리와 안와르 사다트 이집트 대통령이 캠프 데이비드 중동 평화 협정으로 수상했고, 1994년에는 야시르 아라파트 당시 팔레스타인 해방 기구(PLO) 의장과 이스라엘의 이츠하크 라빈 총리, 시몬 페레스 외무 장관이 중동 평화 정착을 위한 노력으로 공동 수상했다. 남아프리카공화국의 넬슨 만델라 아프리카 민족 회의(ANC) 의장과 데 클레르크 대통령은 1993년 흑백 차별 정책(아파르트헤이트)을 종식시킨 공로로 수상했다.

최근 들어서는 전 지구에 걸친 어려운 문제들을 해결하기 위해 꾸준한 활동을 펼쳐 온 국제적 연대 조직들의 수상이 늘었다. 1999년 '국경 없는 의사회'가 분쟁 지역에서의 의료 활동으로, 1997년에는 국제 지뢰 금지 운동과 이 단체의 조디 윌리엄스가 상을 받았다. 이외에도 유엔 평화 유지군(1988), 핵전쟁 방지 국제 의학자 기구(1985), 국제 사면 위원회(1977) 등도 수상자 명단에 올랐다.

_『한겨레』, 2000년 10월 14일

 ## 유 엔 과 국 제 기 구 의 평 화 운 동

"……두 번이나 인류에게 말할 수 없는 커다란 슬픔을 안겨 준 전쟁의 참화에서 다음 세대를 구하고……"라고 유엔 헌장의 전문에 명시되어 있듯, 유엔은 국제 평화와 안전의 유지를 그 첫 번째 목적으로 하고 있다. 유엔을 중심으로 하는 지구촌 평화 운동은 유엔 창립 후 지속적으로 전개되어 왔으며, 전 세계적으로 평화 유지와 건설을 위한 법적·제도적·문화적 토대를 마련하는 데 지대한 공헌을 했다. 세계의 여러 국제 기구, 지역 기구, NGO들은 유엔의 그러한 노력에 동참하여 세계 평화와 안전을 위한 다양한 활동을 벌이고 있다.

2000년 9월 유엔에서 개최된 세계 정상 회의에서는 '새 천년 선언'을 통해 21세기 세계 평화와 안보 유지를 위한 유엔의 역할과 능력을 강화시킬 것을 다짐하였다. 이 선언은 특히 각 국가가 갈등의 예방, 분쟁의 평화적 해결, 갈등 후의 평화 구축을 위해 쏟는 유엔의 노력을 돕기 위해 필요한 자원을 적극적으로 지원한다는 내용을 담고 있다. 또한 테러 방지, 인권, 군축, 군비 통제, 난민, 환경, 빈부 격차 등 세계 문제에 공동 대처하며, 이를 위해 유엔을 적극적으로 활용할 것을 다짐하고 있다.

함 께 해 보 기
● 각종 세계 평화 선언에서 평화를 어떻게 표현하고 있는지를 살펴보고, 세계 평화를 위한 유엔 및 국제 기구들의 활동을 조사해서 발표해 보자.
● 유엔 평화 유지군이 분쟁 해결에 성공한 사례와 실패한 사례를 조사해 보고, 한국 평화 유지군의 파견 현황과 성과를 토론해 보자.

평 화 유 지 군

유엔 평화 유지군(United Nations Peace Keeping Force, UNPKF)은 유엔의 평화 유지 활동을 돕기 위해 파견되는 군대로 유엔의 회원국들이 자발적으로 지원해 주며, 유엔 헌장 제6장과 제7장에 명시된 유엔의 세계 평화 유지 책임과 집단적 안보에 근거하여 창립돼 1948년 중동 지역에서 그 활동을 시작했다. 이후 현재까지 50여 개 유엔 평화 유지 활동의 현장에 파견됐는데 이 중 35개 활동이 1988년 이후에 이루어진 것이다. 그간 120여 개에 이르는 국가에서 80만 이상의 군인과 경찰, 민간인이 평화 유지 활동에 참가했고, 1500명 이상의 평화 유지군이 현장 복무 중 죽었다. 유엔 제2대 사무총장인 스웨덴 출신의 다그 함마르시욀드는 1960년대 초 콩고 활동 현장에서 비행기 사고로 숨졌다. 현재 동티모르, 카슈미르, 콩고, 아이보리 코스트, 라이베리아, 키프로스, 코소보 등 세계 17개 지역에서 활동이 진행되고 있으며 2만여 명의 평화 유지군이 현장에 파견되어 있다. 유엔 평화 유지군은 세계 평화 유지에 공헌한 공로로 1988년 노벨 평화상을 받았다.

서구의 여러 나라들은 자국 군대에 평화 유지군 파견용 부대를 따로 훈련시키는 등 언제라도 유엔이 요청하면 즉시 응할 준비를 갖추고 있다. 일본은 동티모르 평화 유지 활동에 자위대를 파견함으로써 이미 자위대의 평화 유지군 참여를 본격화했고, 중국도 중국군의 적극적 평화 유지군 참여를 준비하고 있는 것으로 알려졌다. 한국은 1991년 유엔 회원국으로 가입한 후 유엔 평화 유지 활동에 본격적으로 참여, 1993년 소말리아에 250여 명의 공병대를 파병한 것을 시작으로 앙골라, 서부 사하라, 그루지야 등에 소규모의 의료 지원단, 군사 감시단 등을 파견했다. 1999년에는 400여 명의 전투 부대가 동티모르에 파견돼 질적·양적으로 괄목할 만한 평화 유지 활동을 벌였다.

평화 실현을 위한 유엔과 국제 기구의 노력

인류 절멸의 위기를 몰고 왔던 세계대전 이후 유엔을 중심으로 전쟁을 종식시키고 평화를 정착시키려는 노력은 계속되어 왔다. 냉전 체제 아래 군비 경쟁이 절정에 이르렀던 1970년대 말 유엔을 중심으로 한 '군비 축소 특별 총회'(1979), 파리에서 개최된 유네스코 제20차 총회에서 선포된 '평화와 국제 이해의 강화, 인권 증진, 그리고 인종주의와 인종 차별 정책 및 전쟁 선동 억지에 대한 매스미디어 공헌에 관한 기본 원칙 선언'(1978), 1984년 유엔 총회에서 승인된 '인류의 평화에 관한 권리 선언', 유엔 40주년을 기념하여 선포된 '평화의 해 선언'(1985), 1986년 유엔 평화의 해를 맞이하여 전 세계 과학자들이 모여 작성하고 1989년 유네스코 제25차 총회에서 채택된 '폭력에 관한 세비야 선언' 등의 노력의 결과 오랜 기간의

냉전 체제가 무너지고 핵 확산 노력들이 제재를 받는 등 커다란 성과들이 나타났다.

　냉전 체제 속에서 유엔이나 유네스코가 중시한 것은 군축 교육이었지만, 냉전 체제가 무너진 1980년대 말부터는 개인의 마음과 사회 일상에서부터 평화 문화를 건설하고 평화라는 보편적 가치를 교육하고자 하는 다양한 노력들이 이루어졌다. 그것은 1989년 유네스코 평화 국제 회의에서 결의된 '인간의 마음속 평화에 관한 야무수크로 선언'을 비롯하여, 전쟁과 폭력의 20세기를 딛고 평화로운 새 21세기를 열기 위한 노력의 일환으로 국제 사회가 합의한 '평화, 인권, 민주주의에 관한 선언'(1993), 헤이그 만국 평화 회의 백주년을 기념하여 선포된 '평화와 정의를 위한 헤이그 호소'(1989), '평화의 문화와 세계 어린이들을 위한 비폭력 10년' 등으로 구체화되었다.

대중 매체와 평화 운동

르완다에서 언론은 증오심을 전파해 대학살을 부추겼다. 유고슬라비아에서도 미디어는 인종 청소와 전쟁 범죄를 부추긴 책임을 지고 있다. 모든 분쟁 과정에서 미디어의 역할은 지대하다. 신문, 방송, 영화, 인터넷 등 대중 매체들은 폭력 문화를 확산하는 가장 중요한 요인이다. 현대인의 의식과 문화 형성에 미치는 대중 매체의 영향력은 갈수록 높아지고 있다.

그러나 한편으로 대중 매체는 평화 운동의 가장 중요한 수단이 되기도 한다. 한 언론사는 다음과 같이 평화 캠페인을 전개하고 있다.

"비단 전쟁을 반대하는 평화만이 우리의 목표일 수는 없습니다. 학연 · 지연 등을 중심으로 한 패거리주의, 다른 문화를 거부하는 배타성, 조그만 피해도 참지 못하는 공격성, 체면을 중시하는 허위 의식, 내 것만 소중하다고 믿는 이기주의 등은 우리가 버려야 할 폭력적인 문화 유산입니다. 대신 담장 없는 아파트 단지, 열린 공동체, 가고 싶은 군대, 학생을 격려하는 학교, 아시아인이 평화롭게 일할 수 있는 일터 등은 우리가 일상에서 이뤄야 할 '평화 문화'의 모습입니다. 나아가 인간을 생각하는 기업, 인간적인 삶을 누릴 수 있는 경제 또한 '평화를 지향하는 길'일 것입니다."

함 께 해 보 기 ● 대중 매체가 조장하는 폭력 문화의 사례들을 찾아보고, 평화 문화 만들기의 관점에서 대중 매체를 비판적으로 들여다보는 견해를 서로 나누어 보자.

'주먹' 판치는 TV · 영화가 폭력 부추겨

우리 사회 가정 폭력의 수위가 높아지면서 이 같은 가정 폭력, 폭력적 가족 문화의 원천으로서 미디어의 폭력성을 우려하는 목소리가 커지고 있다.

폭력적인 텔레비전 드라마와 영화 등 미디어 폭력이 우리 사회 저변에 폭력 성향을 높이고 있으며 이것이 곧 가정 내 폭력으로까지 이어지고 있다는 것이다. 특히 극적 효과를 위해 폭력 집단을 단순 미화한 텔레비전 드라마나 영화에 판단력이 부족한 어린이 · 청소년 시청자들이 장기 노출될 경우, 폭력성과 남성성을 동일시하거나 폭력 자체에 탐닉하는 잘못된 가치관을 심어 줄 수 있다는 지적도 나오고 있다. 지난 연말부터 올 초까지 시청률 수위를 달리고 있는 인기 드라마 '야인시대'는 대표적인 폭력 드라마이다. 방영 초부터 폭력 집단에 대한 무분별한 미화와 과도한 폭력성이 도마 위에 올랐다. 특히 어린이 시청자들에게 인기가 높아

초등학생들 사이에 '긴또깡'(김두한) 따라하기 등 신드롬을 불러일으켰다. 노골적으로 폭력성을 내세우지 않는 일반 코미디나 오락 프로그램의 폭력성도 심각한 수준이다. 뒤통수 치기 같은 신체 폭력, 타인의 약점을 대상으로 한 인신 공격, 폭력적 언어 구사 등이 웃음의 주 소재로 등장하면서 시청자의 폭력에 대한 감도를 낮추고 있다는 것이다. 그 밖에 '조폭', '폭력' 등을 흥행의 코드로 등장시키고 있는 영화, 온라인 게임 '리니지'를 비롯한 인터넷의 폭력성도 극히 심각한 수준이다.

_『문화일보』, 2003년 2월 13일

 협 상 과   의 사   소 통   기 술 ,   그 리 고   평 화

집단 간의 갈등과 분쟁 해결을 위해서는 협상이 필수적이며, 협상의 당사자나 중재자는 사태의 평화적 해결을 위한 고도의 의사 소통 기술을 익혀야 한다. 협상에도 문화가 있으며, 말로써 표현되는 것보다 언어 외적인 의사 소통의 매개로서 시선, 눈짓, 몸짓, 태도, 옷차림 등의 비언어적 방식에 의한 메타 커뮤니케이션이 매우 중요하다. 예를 들면, 이집트와 이스라엘의 협상에서 이집트인들은 직접적인 표현보다는 우회적이고 간접적인 표현을 즐겨 하는 데 반해, 이스라엘 사람들은 직접적인 표현을 한다. 서로 협상의 문화가 다르므로 상대방의 문화를 이해하지 않고서는 대화를 성공적으로 진행할 수 없다. 효과적인 협상 기술은 서로 다른 문화적 상황의 의사 소통 기술과 맥락을 이해하는 것에서 출발한다. 남을 인정하지 않고는 협상도 평화도 없다.

함 께 해 보 기 ● 세계 여러 지역의 분쟁 사례 가운데 하나를 선정하여, 협상이나 의사 소통 기술을 통해 평화롭게 해결할 수 있는 길을 찾아보고, 이를 역할극으로 만들어 보자.

 마무리

1 평화 만들기와 평화 문화 운동은 우리의 일상생활에서부터 시작되어야 한다. 가치관, 언어, 가정, 교육 현장과 모든 사회생활에서 폭력과 차별을 철폐하기 위해서는 나와 다른 것을 이해하려는 노력이 필요하다.

2 비폭력 방법에 의해 폭력을 물리친 위대한 위인들의 삶을 통해 갈등과 분쟁, 폭력을 방지하기 위해서 필요한 것은 평화적 방식에 의한 평화 운동임을 깨달을 수 있다.

3 평화 운동은 국제 기구 운동, 민주화 운동과 같은 사회 운동, 대중 매체를 통한 캠페인뿐 아니라 일상생활에서 평화의 언어를 사용하고 관용을 중시하는 평화 만들기 노력에서부터 시작되어야 한다.

더 읽어 볼 책들

마이클 하워드, 안두환 옮김, 『평화의 발명—전쟁과 국제 질서에 대한 고찰』, 전통과현대, 2002.
삐에르 끌라스트르, 변지현 · 이종영 옮김, 『폭력의 고고학—정치인류학 연구』, 울력, 2002.
이리에 아키라, 이종국 · 조진구 옮김, 『20세기의 전쟁과 평화』, 을유문화사, 1999.
콜린 윌슨, 황종호 옮김, 『잔혹—피와 광기의 세계사』, 하서출판사, 2003.
하영선 편, 『21세기 평화학』, 풀빛, 2002.

V 음식 문화와 지속 가능한 발전

"부엌에서 세계를 볼 수 있다."라는 말이 있다.
우리가 먹는 한 개의 햄버거가 산림을 파괴하고 지하수를 고갈시키며
원주민들을 쫓아낸다는 사실을 사람들은 과연 얼마나 알고 있을까?
또 우리가 매일 매일 식품을 구입하는 슈퍼마켓이 전 세계의 식량 생산과 음식 문화를
좌지우지하고 있다는 사실을 사람들은 얼마나 생각하고 있을까?
여기에서는 하나의 음식물을 통해 세계의 질서를 이해하는 실마리를 찾아보려고 한다.
더불어 식품이 어떻게 생산·가공되고 유통되어 식탁에 오르는지 알아보려고 한다.
오늘날 빈곤과 기아가 어떤 지역에서는 고질적인 현상으로 반복되고 있는 것도,
그 원인을 살펴보면 음식물을 중심으로 하는 국제적인 정치·경제 구조에서 기인한다는 것을 알 수 있다.
요리는 '자연'의 원료를 '문화'로 바꾸는 과정이다.
그러므로 부엌을 통해 정치, 경제, 사회 구조, 문화 현상을 담고 있는
세계 질서의 일단을 파악할 수 있을 것이다.

✚ 우리가 일상적으로 먹는 음식을 통해 세계의 질서를 이해하고 문화 변동 과정을 파악한다.

✚ 세계화의 추세 속에서 음식 문화가 어떻게 변화하고 있는가를 알아본다.

✚ 음식은 단순한 식품이 아니라 자연과 인간, 그리고 인간과 인간을 이어 주는 매개물이라는 것을 깨닫는다.

✚ 음식 체제란 무엇이며 그것은 지속 가능한 발전과 어떠한 관계를 지니고 있는지를 이해한다.

호모 사피엔스(현명한 사람)라는 이름에 걸맞게 인간은 멸종의 위험에 처하기 전에 속도라는 것에서 벗어나야 한다. 일반적으로 어리석은 방식인 빠른 생활에 반대하는 유일한 방법은 물질적 만족을 이제 고정시키는 것이다. 우리가 이미 확인된 감각적 즐거움과 느리며 오래 가는 기쁨을 적절하게 누리는 것은, 효율성에 대한 흥분으로 잘못 이끌린 군중에게서 감염되는 것을 막을 수 있을 것이다. 우리의 방어는 슬로푸드 식탁에서 시작되어야 한다. 우리는 지역 요리의 맛과 향을 다시 발견해야 하며, 품위를 낮추는 패스트푸드를 추방해야 한다. 생산성 향상이라는 이름 아래 빠른 생활이 우리의 존재 방식을 변화시키고 있고, 우리의 환경과 경관을 위협하고 있다. 그러므로 이제 유일하면서도 진정한 진취적 해답은 슬로푸드이다.

__1989년 프랑스 파리에서 채택된 '슬로푸드 선언문' 중에서

01 햄버거와 사라지는 숲

이 단원에서는

✚ 햄버거가 어떻게 생산 · 유통 · 소비되고 있는가를 이해한다.
✚ 육식 위주의 음식 문화가 발생시키는 식량 분배의 왜곡 현상에 대해 살펴본다.
✚ 음식 문화의 세계화에 따라 지역 음식은 어떻게 변화하고 있는가를 알아본다.

제2차 세계대전 이후, 햄버거와 프라이드치킨 등 몇 가지의 패스트푸드가 전 세계에 전파되었다. 패스트푸드는 냉전 체제에서 철의 장벽도 뛰어넘을 정도로 시장 경제의 첨병이었다. 패스트푸드의 세계화는 단지 특정 먹거리가 전 세계에 전파되었다는 것만을 의미하는 것은 아니었다. 패스트푸드는 그것을 뒷받침하는 생산 · 유통 · 소비의 경제 구조를 바꾸어 놓았고, 그 원

산지가 미국과 유럽 등 선진국이었기 때문에 서구화 · 근대화에 대한 의식을 변화시켰다.

개발도상국의 도시에서 쉽게 발견되는 햄버거 가게는 그 자체로 선진 문화의 상징이자 체험장이며, 서구화의 쇼윈도이다. 자유롭게 리필이 가능한 콜라를 비롯한 음료수는 풍요를 나타낸다. 깨끗함, 신속한 서비스, 진한 버터와 치즈 냄새, 그리고 쇠고기 굽는 기름 냄새는 풍요와 선진의 상징으로서 개발도상국 어린이들의 뇌리에 깊은 인상을 남긴다. 1990년대 초, 사회주의 계획 경제에서 시장 경제로 변한 러시아 및 동유럽의 여러 나라들, 그리고 중국에서도 사람들은 햄버거 가게 앞에서 줄을 섰다. 햄버거에서 시작된 이러한 영업 전략은 프라이드치킨이든 피자이든 혹은 패스트푸드로 변신한 중화 요리이든 모든 패

예측 가능성, 그리고 통제를 그 주요한 내용으로 하고 있다. 햄버거의 표준화된 대량 생산 공정에 의해 효율성이 올라가고 예측이 가능한 이익 산출 및 맛의 기대감으로 인한 소비의 급속한 확산이 일어나는 것이다.

함 께 해 보 기 ● 우리나라에서 맥도날드나 이와 유사한 패스트푸드 레스토랑이 언제부터 급속히 확산되었으며 그 이유는 무엇인가에 대해 토론해 보자.

맥 도 날 드 와   중 국

맥도날드는 음식 문화의 대국, 중국을 공략하고 있다. 1992년 베이징의 톈안먼 부근 왕푸징 거리에 좌석 수 700개, 계산대 29대를 갖춘 세계 최대의 맥도날드가 개점하였다. 그 후 1996년까지 베이징에서만 29개 점포로 증가하였다. 베이징 시민에게 맥도날드는 미국의 상징, 근대화의 상징으로 비쳤다. 햄버거의 맛보다도 마치 미국에 온 듯한 분위기가 매력이었다. 중국인들은 대형 유리창을 통해 바쁘게 지나다니는 사람들을 바라보면서, 특별하게 구별된 고급스럽고 근대적인 분위기를 즐기고 있다.

　맥도날드의 표적은 중국의 어린이들이다. 어린이들은 어른들과 달리 맥도날드의 음식도 좋아한다. 한 자녀 갖기 정책에 의해 조부모, 부모들은 모든 관심을 어린이들에게 쏟고 있다. 현재 중국에서 어린이들은 가족 관계의 중심을 이루고 있다. 베이징 시민들은 맥도날드가 미국이라는 이상과 중국의 가족 번영을 동시에 실현할 수 있는 장이라고 생각하고 있다.

 슬 로 푸 드

우리나라의 전통 음식은 모두 슬로푸드(slow food)에 속한다. 김치, 간장, 된장은 기본적으로 장시간 보존을 위한 것이며, 만드는 과정에도 많은 시간과 노력이 들어간다. 그러한 음식들도 이제는 가정에서 만들지 않고 공장에서 생산한 것을 구입해서 먹는 경우가 점차 일반화되어 가고 있다. 한국인들의 주거 형태가 단독 주택에서 아파트로 옮겨가고 있는 추세에서 전통적인 간장, 된장, 김치를 담그기가 어렵게 된 것이다. 그 때문에 전국의 음식이 모두 비슷해져 음식 맛의 다양성이 점차 줄어들고 있다.

　이런 전통적인 슬로푸드를 패스트푸드화하여 실패한 사례로 식혜를 들 수 있다. 식혜는 맥아당을 이용한 감미 음료이다. 전통적인 방법으로는 고두밥을 지은 후 맥아당을 넣어 발효시키며, 이 때문에 독특한 향기와 맛을

지니고 있다. 이것이 1990년대에 우리나라에서 공장 생산을 하게 되어 선풍적인 인기를 얻은 적이 있었다. 한때 식혜의 판매고는 탄산음료를 넘어설 정도였다. 그러나 많은 회사들이 식혜 생산에 뛰어들고 경쟁이 심해지자 맥아당의 사용을 줄이거나 이를 설탕으로 대체하여 식혜의 맛이 급격하게 떨어졌다. 그 결과 공장에서 생산된 식혜의 인기는 사라지고 판매고도 감소했다.

함 께 해 보 기 ● 우리 주변에서 일어나고 있는 슬로푸드 운동의 구체적인 사례를 들어 보고, 이것이 우리나라의 전통 문화와 정체성을 회복하는 것과 어떠한 관계가 있는지 토론해 보자.

슬로푸드 운동

패스트푸드와 대조적인 슬로푸드 운동은 1986년 이탈리아에서 일어났다. 미국의 맥도날드 햄버거가 로마의 스페인 광장에 점포를 개설하려고 하자, 이를 반대하던 사람들이 슬로푸드 운동을 시작한 것이다. 이 운동은 이탈리아의 작은 식당과 포도주 생산자를 보호하자는 취지에서 시작한 것이지만, 1990년대 중반 광우병 등의 여파로 자연 식품과 유기농에 대한 관심이 높아지면서 전 세계로 퍼져 나갔다. 이 운동은 패스트푸드가 입맛뿐만 아니라 농업과 환경, 삶의 철학에까지 나쁜 영향을 미친다는 우려에서 전통 음식의 보호, 생물 종 다양성 존중, 다품종 소량 생산 등을 추구하는 환경 및 생태를 위한 운동을 전개해 왔다. 지금은 전 세계에 35개국 400개 지부에 6만 5000명의 회원을 가진 이 운동은 매년 대표적인 슬로푸드를 선정하여 발표하고 있다. 우리나라는 죽방멸치가 슬로푸드로 선정되었다. 이 운동을 창립한 카를로 페트리니는, 100년 전 사람들은 100~120종류의 음식을 먹었는데 지금은 겨우 10~12종류 정도라고 지적하였다. 그는 각 지역마다 고유한 지역 음식을 살려 음식의 획일화를 거부하자고 주장하였다.

육식의 증가와 지구 환경

일부 잘사는 나라와 잘사는 사람들에게 육식을 공급하기 위해 지구 환경은 점점 더 파괴되어 가고 있다. 쇠고기 생산은 사람이 먹어야 할 곡식을 빼앗아 가고, 식량을 생산할 땅을 목초지로 바꾸며, 산림을 황폐화하고, 수자원을 고갈시키며, 또 지구 온난화를 일으키는 메탄가스를 내뿜는다. 우리가 고기를 먹는 만큼 지구의 생태계는 파괴된다고 할 수 있다.

함 께 해 보 기 ● 우리나라에서 육식의 증가가 환경에 어떠한 영향을 미치고 있는가를 구체적으로 알아보고 이러한 환경 피해를 줄이기 위해서는 어떠한 대책이 필요한지에 대해 토론해 보자.

쇠 고 기 생 산 이 가 져 오 는 지 구 환 경 의 파 괴

코스타리카에서는 지난 20년간 산림의 80%를 개간하여 목초지로 만든 후 육우를 사육해 오고 있다. 중앙 아메리카의 온두라스에서는 쇠고기를 생산·수출하기 위해 경작지의 60%를 육우용 목초지로 사용하였다. 브라질의 경우에는 1966년부터 1983년 사이에 10만 평방킬로미터 이상의 땅(남한 정도의 넓이)을 상업적 목적으로 개간하였다. 브라질 정부는 이 기간에 대규모 목초지 개발로 모든 열대 우림의 38%가 훼손되었다고 한다. 이렇듯 쇠고기를 생산·수출하기 위해 중남미 여러 나라들에서는 열대 우림을 파괴하고 있다. 또 일부 열대 및 온대 지역에서는 소의 과도한 방목으로 인한 토지 침식에 따라 사막화가 진행되고 있다. 미국에서도 소의 방목으로 목초지의 자생력이 떨어져 식물이 자랄 수 없을 정도로 황폐화되고 있으며, 초지의 식물을 먹이로 삼아 살아가는 조류, 초식 동물들이 사라져 가고 있다.

또한 사료 작물을 재배하기 위해 막대한 지하수가 사용되고 있다. 스테이크 1파운드를 생산하는 데 드는 사료 작물의 재배에 수백 리터의 관개용수가 필요하다. 그 결과 미국의 중서부와 대평원에 위치하는 주들의 지하수면은 급격하게 낮아지고 있다. 캘리포니아 주에서는 관개용수의 42%가 소와 다른 가축의 식수 및 사료 작물 생산에 사용되고 있다.

소는 지구 온난화를 일으키는 온실 효과 가스인 메탄을 방출한다. 메탄 방출은 지구 온난화 현상의 18%를 차지하고 있으며, 그 가운데 전 세계 13억 마리의 소가 내뿜는 메탄은 6000만 톤, 즉 전체 메탄가스 방출의 12%나 된다.

_리프킨(Rifkin, J.), 『육식의 종말』

 마무리

1 세계적으로 제2차 세계대전 이후 식생활이 크게 변하면서 더 많은 육류를 먹게 되었다.

2 열량 중심으로 생각하면 육식은 식량 분배에서 큰 불균형을 가져오는 요인이다.

3 우리나라의 전통 음식은 급속하게 패스트푸드화하고 있으며, 그에 따라 음식 맛의 다양성이 점차 줄어들고 있다. 슬로푸드는 우리의 식단을 다양하게 할 뿐만 아니라 환경과 생태의 보전에도 도움이 된다.

4 육류 중심의 음식 체제는 결국 지구 환경을 대규모로 파괴하는 요인이기 때문에 지속 가능한 발전과 양립하기 어렵다.

02 슈퍼마켓 <small>근대적 음식 체제와 상품화</small>

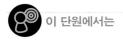 이 단원에서는

✚ 근대적 음식 체제란 무엇이며 세계화는 근대적 음식 체제에 어떤 영향을 미치고 있는가를 알아본다.

✚ 음식의 상품화는 어떻게 일어났으며 음식의 상품화와 다국적 기업의 활동은 서로 어떠한 관계에 있는가를 살펴본다.

✚ 음식의 상품화가 인간의 삶에 미치는 영향을 신체적 · 환경적 · 문화적 측면에서 이해한다.

슈퍼마켓은 현대의 만물상(萬物商)이다. 우리가 일상생활에 필요한 것은 대부분 슈퍼마켓을 통해서 구할 수 있다. 슈퍼마켓은 구멍가게의 별칭과 같이 쓰이는 곳도 있지만 전국적인 체인망을 가진 것도 있고, 국제적인 네트워크를 가진 대형 슈퍼마켓도 있다. 슈퍼마켓에서는 식품은 물론이고 모든 생활 용품을 살 수 있으며, 심지어 공공요금의 납부, 은행 업무, 간단한 식사 등이 가능하고, 어린이 놀이터까지 갖추고 있는 종합적인 생활 거점이 되고 있다. 동네 슈퍼마켓 가운데는 택배 서비스 터미널 역할을 하는 곳도 있어서 우리 생활의 상당 부분이 크고 작은 슈퍼마켓에 의존하고 있다. 그런 의미에서 현대의 슈퍼마켓은 전통적인 만물상의 개념을 훨씬 넘어선다.

우리는 슈퍼마켓을 통해 음식 체제와 식품 공급의 세계 시스템을 접하고 있다. 이것은 단순히 유통 혁명만을 나타내는 것이 아니다. 근대적 음식 체제를 지탱하는 시장 시스템 그 자체로서 생산, 가공, 유통, 소비의 전 과정에 이르는 혁명을 가져온 것이다.

대형 매장은 1930년대부터 영국, 미국, 스위스에서 시작되었지만, 슈퍼마켓은 1950년대 미국인들의 소득 향상을 계기로 미국에서 확산되기 시작하였다. 셀프서비스형 슈퍼마켓은 미국에서 유통 혁명을 일으켰다. 소비자를 유인하기 위해 모든 상품은 잘 포장되어야 했으며, 마케팅 기술은 점점 더 발전하였다. 미국에서 발달한 슈퍼마켓은 영국에서도 큰 붐을 일으켰고, 프랑스의 자본 카르푸, 영국의 세인스베리도 새로운 공급자가 되었다.

⑧ 슈퍼마켓은 사회에 어떤 변화를 가져왔는가

가까운 대형 슈퍼마켓에 가 보자. 쇼핑 카트를 밀고 매장에 들어가 질서 정연하게 진열된 상품에 붙어 있는 가격표를 보면서 상품을 하나씩 카트에 담은 후 계산대로 밀고 와 계산을 한다. 가격은 바코드 리더로 계산되며 상품 가격의 총액을 지불한 후 카트를 밀고 주차장으로 가서 차에 물건을 싣고 나오면 된다. 이러한 셀프 서비스, 개방 진열, 가격 표시제 때문에 점원들과 흥정이나 거래를 할 필요가 없다. 외국에 나가 그 나라 말을 하지 못해도 슈퍼마켓에서 물건을 사는 데는 아무런 불편이 없다. 세계 어디를 가든지 슈퍼마켓은 표준화되고 있다.

함 께 해 보 기 ● 우리 주변의 슈퍼마켓 한 곳을 택하여 그곳에서는 어떤 식품을 팔고 있는지, 식품의 원산지는 어디인지, 물건을 파는 것 이외에 어떤 활동을 하고 있는지를 조사해 보고 다른 친구가 조사한 슈퍼마켓과 서로 비교해 보자.

슈퍼마켓의 생활 지배

슈퍼마켓은 판매자의 입장에서 보면 소비자가 직접 물건을 선택하여 운반하기 때문에 인건비가 절약된다. 또한 바코드가 부착된 물건이 금전 계산기를 통과하면 판매, 재고 등 상품 관리가 쉽게 이루어진다. 따라서 인건비의 절약, 합리적인 재고 관리, 대량 구매에 의해 판매자는 더욱 저렴한 가격으로 물건을 공급할 수 있다.

최근 대형 매장은 각종 영화관, 시민 교육 공간, 놀이터 등 문화 시설까지 갖추고 있어서 지역 문화 센터와 같은 역할을 한다. 또 주택가에 위치한 체인점들은 거대한 네트워크를 이용하여 현금 지급기, 공과금 납부, 택배 서비스 터미널, 약국과 같은 복합 기능을 하고 있다. 슈퍼마켓은 우리의 일상생활을 지탱하는 네트워크의 하나가 되어 가고 있다.

대형 슈퍼마켓은 생산자를 조직하여 저렴하게 물건을 구입하기 때문에 재래 시장은 점차 쇠퇴해 가고 대형 매장으로 사람들이 몰려가고 있다. 시장 경제의 원리로 보면 수요가 있는 곳에 생산이 뒤따르는 것이 원칙이나, 독점 자본주의 경제 체제에서는 생산자가 광고, 문화 조작, 교육 등을 통해서 수요를 만들어 내고 있다. 슈퍼마켓은 지금 생산자와 소비자를 매개하면서 전체적으로 경제 시스템의 중심에 자리하고 있다. 나아가 각종 문화 활동, 사회 활동을 매개함으로써 우리의 생활을 지배하는 거점으로 작용하고 있다.

쌀과 음식 문화

음식은 그 사회와 인간의 생활을 이해하는 출발점이 될 수 있다. 사람은 누구나 음식을 먹고 살아야 하기 때문에, 식량 생산을 둘러싼 사회적 분업 관계는 바로 그 사회의 기본 구조를 나타낸다고 볼 수 있다. 예를 들면 쌀에

모내기(1951)

는 우리나라의 전통적인 사회 관계와 농촌 구조, 환경 조건 및 한국인의 정서와 조상 숭배 의식, 공동체 의식과 민족 정신이 포함되어 있다.

함 께 해 보 기 ● 우리나라의 전통적인 음식 체제가 어떠했는가를 쌀의 생산 · 분배 · 소비 과정을 통해 알아보자. 또한 이를 유럽이나 아프리카 등 다른 지역의 음식 체제와 비교해 보자.

근대적 음식 체제의 등장

우리의 전통적인 음식 문화를 생각해 보자. 우리나라 남부 지방에서는 겨울에 쌀밥을 먹고, 여름에 보리밥이나 국수를 먹었으며, 북부 지방에서는 쌀 농사가 적합하지 않으므로 잡곡으로 냉면을 만들어 먹기도 하고 수수나 조로 밥을 지어 먹었다. 그리고 반찬으로는 무나 배추를 절여서 김치를 담가 먹었다. 또 밭에서 생산하는 콩으로 간장과 된장을 만들어 간을 맞추고 맛을 내었다. 농가에서는 대체로 자급 자족적인 생활을 하였지만 자기가 생산할 수 없는 것은 시장에서 구입해서 사용해야 했다. 이것이 우리가 음식을 조달하는 방법이었다. 이것은 하나의 시스템이며 음식 체제라고 부를 수 있는 것이다.

식량의 생산은 전적으로 자연 조건에 의존하고 있었고, 식량 생산을 위해 사회적 분업이 일어났으며, 토지 소유 관계에 따라 사회적 분업이 달리 나타났다. 쌀 농사를 짓기 위해 물을 공동으로 관리해야 했고, 노동력을 조직하지 않으면 안 되었다. 음식 체제는 자연 조건뿐만 아니라 사회적 관계, 문화적 상징 체계, 종교 생활에 이르기까지 깊숙이 관련되어 있다.

근대화의 중요한 특징은 공업화와 도시화이다. 도시의 인구 집중으로 식량 생산과 소비가 분리되었다. 이러한 일은 고대에도 있었다. 그러나 근대적 공업화로 도시의 인구 집중은 대규모로 늘어났고 직업적 분화도 크게 발달하였다. 대부분의 사람들이 식량을 스스로 생산하지 않게 된 것이다.

전통적인 음식 체제가 농사를 지어 개별 가구 혹은 지역 사회가 교환을 통해 소비를 하는 것이라면, 근대적인 음식 체제는 생산의 기업화 혹은 기업과 같은 생산 방식, 유통의 상업화,

국 가공 공장

가공 및 제조 과정의 기업화, 그리고 상품으로서의 소비 과정 등 복잡한 경로를 거친다.

　　근대적 음식 체제는 생산 면에서 고도로 전문화, 산업화한 시스템을 갖고 있다. 또 식품의 분배가 시장을 매개로 이루어지고 있다. 우리는 다양한 식품을 슈퍼마켓을 통해서 구입할 수 있다. 또 시장의 지구화, 국제화로 인하여 공급의 부족 현상이 잘 일어나지 않는다.

　　근대적인 음식 체제가 등장하기까지에는 여러 가지 사회적, 기술적인 조건이 필요하였다. 우선 생산과 소비가 분리되었다. 직업의 분화가 일어나 사람들은 시장을 통해 식품을 구할 수 있게 되었다. 18세기 이후 산업화와 도시화가 일어나 음식은 시장을 통해서도 공급되었고, 그것이 국제적인 거래를 통해 조달되기도 하였다. 특히 18세기 이후 과학 기술의 발달로 품종 개량이 가능해졌으며, 화학 비료와 농약의 사용이 이루어졌다. 음식의 저장, 보존, 운반 방식에서도 획기적인 변화가 일어났다. 절임, 건조, 통조림, 냉동, 살균법 등 다양한 방식으로 음식이 가공되고 장거리 수송과 장기간 보존이 가능해진 것이다. 19세기 이후에는 철도의 발달, 항해·선박 기술의 발전으로 음식 체제의 세계화 현상이 나타났다.

　　뒤이어 국제 무역, 도매업과 슈퍼마켓 같은 대규모 소매 사업이 등장하고, 그 위에 외식 산업이 발달하였으며, 학교나 군대 같은 단체에 대규모 식사 공급이 많아짐으로써 근대적 음식 체제가 완성되었다.

__비어즈워스(Beardsworth, A.)·카일(Keil, T.), 『메뉴의 사회학』

농업 기술 산업	←	기계, 화학, 생물 공학
생산 요소	←	자본, 신용, 노동 시장, 정보 훈련, 종자·장비·화학 제품 공급
농업	←	토지·재산 이윤, 농업 회사, 지원 기관
중간 산업	←	도매, 수출업, 보관, 운반, 협동 조합, 정책
식품 산업	←	가공, 포장, 도·소매, 주문 생산
규제	←	국가의 보건 영양 정책, 안전 모니터링, 식품 안전 장치
식품 소비	←	가사 노동, 구매력, 식습관, 음식 문화

근대적 음식 체제
Atkins & Bowler, *Food in Society: economy, culture, geography*, p.11.

모유를 몰아낸 분유

한때는 모유 대신 분유를 먹이는 것이 좋다는 생각이 세계에 널리 퍼져 있었다. 그것은 근대적 식품 체제에서 나온 것이기 때문이다. 개도국의 많은 사람들은 영양실조에 가까운 어머니의 젖보다는 과학자들이 참여하여 만든 선진국의 제품인 분유가 훨씬 좋다고 생각하게 되었다. 이것은 다국적 기업들의 강력한 선전, 광고, 판매 전략의 산물이다.

최근에는 다국적 기업의 분유 판매 전략이 소비자들의 강한 비판과 저항을 받게 되었다. 분유 불매 운동은 1970년대 초부터 전개되었다. 이들은 다국적 기업들이 전 세계 수많은 어린이들의 목숨을 앗아 갔다고 주장하고 있다. 다국적 기업들은 맹렬한 선전을 통해 모유보다 좋은 분유라는 이미지를 전 세계에 유포했다. 특히 제3세계에서는 분유 샘플을 다량으로 무료 배포하여 모유보다 분유에 의존하는 경향을 만들었고, 우리나라에서도 한때 모유보다 분유를 아기들에게 먹이는 것이 좋다고 알려졌다. 이들은 중간 판매상에게 막대한 이익을 제공하여 비윤리적인 판매 촉진 정책을 펴 왔다는 비난을 받고 있다.

분유를 사용하기 위해서는 깨끗한 물과 냉장 보관 장치가 있어야 하는데, 제3세계에서는 깨끗한 물과 안전한 보관 장치가 부족하기 때문에 분유가 오히려 질병을 일으키고, 또 가난한 집에서는 물을 많이 타서 어린이들이 영양실조에 걸리는 경우도 있다.

함 께 해 보 기 ● 우리 주변에서 볼 수 있는 다국적 식품 기업을 하나씩 정하여 주요 판매망, 판촉 활동, 광고 전략, 주요 판촉 대상 집단, 식품 소비의 증가에 따른 영향 등을 구체적으로 조사해 보자.

아기의 건강을 위협하는 분유

우유보다 모유가 좋다는 것은 의심의 여지가 없다. 모유는 영·유아들에게 가장 좋은 영양을 공급하며, 환경 오염에 노출되는 것을 최소화할 수 있고, 염증에 대해서 방위력을 제공하며, 출산 터울을 조정하는 데도 좋다. 비위생적인 환경에 노출되는 경우가 많은 저소득층에서 모유는 어린이들에게 여러 가지 면역성을 제공한다. 또한 개발도상국에서 많이 나타나는 설사를 예방할 수 있다.

그러나 불행하게도 다국적 기업들은 개발도상국에서 모유 대체물(분유)을 가지고 시장을 개척해 왔다. 그들은 모유 대체물의 샘플을 병원을 통해 무료로 공급해 왔다. 1977년에 네슬레는 4000~5000명의 산모 조언자들에게 간호원과 똑같은 옷을 입혀, 모유 대체물의 사용법을 가르쳤다.

이러한 모유 대체물은 서구적인 생활의 지위를 나타내는 것처럼 선전되었다. 마치 맥도날드가 미국적 생활양식의 상징인 것처럼, 모유 대체물은 개발도상국에서 지위의 표시처럼 인식되었다. 불행하게도 저소득층의 삶의 조건 때문에 이러한 모유 대체물은 유아 사망의 원인이 되었다. 모유는 사용하지 않으면 말라 버리기 때문에 일단 모유를 포기한 어머니들은 모유 대체물에 의존하지 않을 수 없다. 현금을 주고 사야 하는 모유 대체물로 개발도상국의 가정은 더욱 빈곤해지고, 또 물을 많이 타는 바람에 영양실조와 유아 사망을 가져오기도 한다. 모유 대체물을 사용하기 위해서는 엄격한 위생 관리와 조리 도구가 필요하나, 오염된 물과 위생적이지 못한 조리 도구로 인하여 어린이들의 건강에 큰 위협이 되고 있다. 1974년 영국의 시민 단체는 '네슬레는 어린이를 죽인다' 라는 팸플릿을 만들어 국제적인 네슬레 불매 운동을 전개하였다.

 신토불이의 식품, 경제, 생태

우리는 이제 세계적인 시장 네트워크를 통해 음식을 공급받아 다양한 음식을 먹을 수 있게 되었다. 그러나 식품이 수천 마일 넘게 운송되고 여러 단계를 거치면 오염될 위험은 매우 커진다. 필리핀에서 바나나가 수입되기까지 농장에서의 수확 후 방부 처리 등의 과정을 거쳐야만 보기 좋은 바나나를 시장에 내놓을 수 있다. 유통업자가 중간에서 양쪽의 접촉을 차단하고 있기 때문에 소비자는 생산자의 얼굴을 알 수가 없다.

우리나라에서는 외국 농산물의 수입에 대처하기 위해 신토불이(身土不二)라는 말이 유행하였다. 외국의 농산물보다는 우리 땅에서 나는 농산물이 건강에 좋다는 이야기이다. 우리의 농산물이 반드시 외국 농산물보다

농산물 직거래 장터

좋다는 증거는 없지만, 우리 농산물을 먹음으로써 우리의 농업 경제를 살리고 우리의 생태계 균형을 유지하며 우리의 농촌 사회를 지탱할 수 있다는 점에서 우리 농산물 애용의 의미는 크다. 또 해외에서 수입된 농산물은 장기간의 저장, 운송, 유통 과정 중 변질되기 쉽다. 따라서 이를 방지하기 위해 많은 양의 농약 같은 화학 물질을 사용하기 때문에 건강에 반드시 좋다고 볼 수가 없다. 그런 점에서 우리 농산물 애용이 건강에도 좋다.

우리 농산물 애용에 대한 강조는 단순히 경제나 건강 문제 때문만은 아니다. 농업 경제와 농촌 공동체, 그리고 농민을 하나의 통합된 실체로 보아야 한다. 이 삼자를 모두 살림으로써 농촌 생태계뿐만 아니라, 우리의 농촌 공동체가 가지고 있는 건강한 정신적 자원을 보전할 수가 있다.

함 께 해 보 기 ● 우리나라에서 최근 활발히 일어나고 있는 유기 농산물의 생산과 소비 운동, 농·수산물 직거래 운동 및 협동 조합 운동과 같은 대안적 삶과 소비 운동의 실태를 하나씩 찾아 이를 발표하고 비교해 보자.

생 산 자 의 생 활 과 소 비 자 의 생 명

우리나라에서도 생산자와 소비자의 직거래가 생활 협동 조합 운동을 통해 일어나고 있다. 다음은 한국 여성 민우회 생활 협동 조합 관계자의 글이다.

…… 우리나라의 유기 농산물 유통은, 1980년대 중반부터 농약이나 각종 유해 첨가물로 오염된 식품과 수입 농산물의 안전성 문제가 제기되면서 본격적으로 시작되었습니다. 우리 생활 협동 조합을 비롯한 여러 생활 협동 조합들은 생산자의 생활과 소비자의 생명을 보장한다는 기치 아래 생산자와 소비자의 상호 이해를 도모하자는 목적을 가지고 활동해 왔습니다. 그것은 이미 만들어진 유기 농산물을 돈 주고 사면 되고, 비싸게 팔면 된다는 소비자 이기주의와 생산자 이기주의를 뛰어넘어 신뢰와 신용의 회복을 위해 노력하는 과정이었습니다. 이제 전국의 유기 농업 생산지가 거의 파악되어 있는 상황에서 소비자들은 뜻만 있으면 원하는 생산자를 찾아 해결할 수 있습니다. 그러나 생산자의 생활 보장이라는 측면에는 거의 근접을

하지 못하고 있는 것이 현실입니다.

생활 협동 조합의 토마토는 파랄 때 따서 익히는 것이 아니라 밭에서 완숙된 것을 따기 때문에 특별히 맛이 좋습니다. 어떤 조합에서는 도시에서 가까운 인근 야채 농가와 산지 직거래를 했는데, 생산자는 아주 많이 상한 것 외에는 선별하지 않고 규격에도 상관없이 출하했으며, 생활 협동 조합은 이렇게 생산된 토마토를 가격 변동 없이 전량 구입했습니다. 그 결과 생산자는 작업 시간을 대폭 단축하고 무엇보다 확실한 판로를 확보하면서 토마토 농사를 확대하여 수입을 보장받을 수 있었고, 소비자는 완숙 토마토를 통해 자신의 건강을 지키고, 전량 구입이 가능하도록 다양한 요리를 통한 소비 확대 활동을 펼치게 되어, 건전한 소비자상의 형성과 산지 직거래 활동의 새로운 모습을 보여 준 사례가 있습니다. 토마토라는 하나의 생활재의 경우에서도 나타나듯, 이런 확실한 노력과 성과가 진정으로 생산자와 소비자의 신뢰와 새로운 협동 세계를 구축하는 것이 아닐까요?

생산자와 소비자가 서로 생명과 생활을 지켜주기 위해서는 생산자들은 생산자 조직을 활성화하고 다각적인 생산 기술과 가공 기술을 연구·개발해야 할 것이며, 소비자들은 우선 소비 촉진을 위해 노력해야 할 것입니다. 회원 1가구가 늘어나면 1년에 유기농 벼를 재배하는 논 100평 정도가 늘어나고, 1000가구가 늘면 40호 정도의 한 마을에서 환경 보전형 농업이 가능하다고 합니다.

또한 가격 안정이나 수급 불균형에 따르는 손실분 보전 등에 활용할 수 있는 기금 같은 것을 적극적으로 조성하여, 작황이 좋지 않아 일어나는 시장 가격의 폭등이나, 지금까지 생산자가 일방적으로 부담해 왔던 수급 조정에 따른 위험 상황에 대처할 수 있게 해야 할 것입니다. 농산물뿐 아니라 가공품과 공산품의 경우에도 협동이라는 의미가 살아날 수 있도록, 품목 개발에 따른 위험 부담이나 투자 비용도 생산자와 소비자가 분담하는 구조가 만들어져야 할 것입니다.

__박영숙, 「생산자의 생활과 소비자의 생명」

 마무리

1 슈퍼마켓은 전통적 음식 체제를 대체하는 근대적 음식 체제의 근간이 되었다.

2 음식 체제는 자연 조건, 사회 구조, 문화와 상징, 정치·경제, 그리고 국제 관계와 밀접한 관계가 있으며, 근대적 음식 체제는 공업화, 도시화, 세계화에 의해 지역의 음식 체제를 위협하고 있다.

3 다국적 기업들은 인공 식품의 대량 보급을 통해 제3세계 어린이들의 건강을 위협하기도 한다.

4 지역의 음식과 경제, 생태계는 하나의 통합 구조를 갖고 있기 때문에 세계화 속에서 지역 음식 체제의 유지·발전이 필요하다.

03 식량 부족, 어떻게 바라볼 것인가

 이 단원에서는

✚ 세계 식량 문제의 실태를 파악하고 최빈국의 기아 상태가 어디에서 연유하는 것인지 알아
본다.
✚ 세계화가 식량 부족에 어떠한 영향을 미치는가를 이해하고 절대 빈곤의 해소를 위해 어떤
일들이 전개되어야 하는지를 생각한다.
✚ 식량의 질과 식량 부족 문제는 어떠한 관계를 지니고 있는가를 파악하고, 식량의 안정된 공
급을 위한 방안은 무엇인지를 생각해 본다.

북한은 1990년대 초부터 기근으로 고통을 받고 있다. 그 원인은 무엇일까?
수해나 가뭄과 같은 기후 변화 탓으로 설명하는 경우도 있지만, 그것으로
장기간의 식량 부족을 설명하기에는 충분하지 않다. 같은 기후권에 있는
남한에서 풍년이 들 때도 북한은 식량 부족을 호소하고 있다. 식량 부족 문
제에는 자연 조건 이외에 분배, 생산 조직, 사회 구조, 경제 체제 등 다양한
요소가 복합적으로 작용한다. 세계적으로 식량 생산은 증가하고 있다. 대
량의 곡물이 가축의 사료로 사용되고 있는 가운데 아프리카나 아프가니스
탄에서는 식량 공급이 끊어져 많은 사람들이 기아 상태에 빠져 있다. 식량
부족의 원인은 과연 무엇인가?

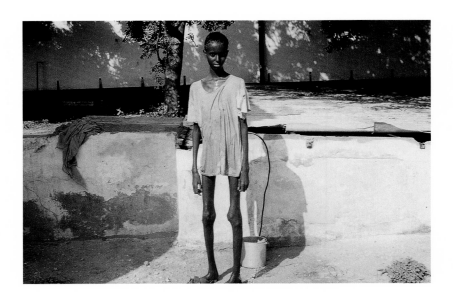

국제 식량 농업 기구(FAO)에 의하면 전 세계적으로 하루에 11000명의 어린이들이 영양실조로 죽어가고 있다고 한다. 그런가 하면 역사상 전대미문의 식량 생산 증대로, 그것이 잘 분배만 된다면 전 세계의 인구를 먹여 살리고도 남을 정도라고 한다. 2000년의 보고에 의하면 세계적으로 8억 2600만 명이 기아 상태에 있고, 그 중 7억 9200만 명이 개발도상국에 살고 있다고 한다. 지난 30년간 농업 생산의 비약적인 발전으로 약 1억 명의 인구가 굶주림에서 벗어났다. 1996년 로마에서 열린 세계 식량 정상 회의에서는 2015년까지 영양실조에 빠진 사람들의 숫자를 4억 명으로 줄일 것을 선언하였다.

지역	국가	1963년	1990년	증감
중남미	멕시코	100	79	-21
	브라질	89	76	-13
	콜롬비아	86	87	+1
아프리카	이집트	84	62	-22
	에티오피아	104	81	-23
	나이지리아	99	99	0
서남아시아	인도	96	105	+9
	파키스탄	95	93	-2
	방글라데시	106	87	-19
동남아시아	인도네시아	89	100	+11
	필리핀	83	80	-3
	타이	159	131	-28
유라시아	터키	113	99	-14
(유럽+아시아)	중국	96	99	+3
	러시아	87	89	+2

식량 자급률(단위 : %)
FAO 통계

1 9 6 0 년 대 이 후 1 인 당 식 량 생 산

1960년대 이후 1990년까지 세계의 식량 생산은 꾸준히 증가하였다. 그러나 1990년대 이후의 식량 생산은 정체 상태에 빠져 있다. 동시에 식량의 증산은 인구의 증가를 따라가지 못하여, 1980년대 중반 이후 1인당 식량 생산은 급격히 줄어들고 있다. 전 세계적으로 1인당 식량 생산이 부족하며, 지역 수준에서는 더욱 명백하게 수백만 명의 인구가 굶주리고 있다.

위의 표는 1963년에서 1990년 사이 주요 국가들의 식량 자급률 추이를 나타낸 것이다. 식량 자급에 성공했거나 거의 성공하고 있는 나라는 인도, 인도네시아, 중국 등이고, 종래 식량 수출국이었던 에티오피아, 방글라데시, 터키는 식량 수입국으로 전락하였다. 멕시코, 에티오피아, 이집트, 방글라데시 등은 심각한 식량 부족 국가가 되었다.

누 가 중 국 을 먹 여 살 릴 것 인 가

레스터 브라운(월드워치 연구소 회장)의 최근 저서는 중국인들을 위한 충분한 식량 생산의 문제를 다루고 있다. 그 요점은 다음과 같다.

o 한 자녀 갖기라는 강력한 산아 제한 정책에도 불구하고 중국의 인구는 2030년에 16억 명이 될 것이다.

o 소득이 증가하고, 모든 식품에 대한 수요가 증가할 것이며, 소비자들이 더욱 많은 고기를 요구하게 되면 곡물은 더욱 부족해질 것이다.

o 농지는 점차 고부가가치 농작물용 토지로 전환되고, 주택과 공장을 위해 전용되고 있다. 1인당 곡물 생산 토지는 0.08헥타르(1990년)에서 0.03헥타르(2030년)로 줄어들 것이다.

o 물을 끌어들일 수 있는 토지는 지난 20년간 정체되었으며 지하수도 과잉 사용되고 있다. 물은 도시의 인구를 위해 더욱 많이 소요될 것이다.

o 2030년에는 곡물 생산이 1990년에 비해 20% 감소할 것이다.

o 인구와 소득 증가가 예상대로 된다면 2030년에는 연간 3억 6900만 톤의 곡물이 부족하게 될 것이며, 이것은 현재 전 세계 곡물 수출량의 두 배이다. 대규모 수입이 불가피하며, 이것이 세계의 곡물 가격을 상승시킬 것이다.

o 식품 가격의 상승 때문에 고 인플레를 수반하는 경제적 긴장이 나타나기 시작하였다.

o 중국에서 기아는 전혀 새로운 것이 아니다. 대약진 시대(1959~1961)에 약 3000만 명이 기후 문제와 행정 능력의 부재로 인한 기아로 목숨을 잃었다.

베이징의 거리

부록

가 볼 만한 웹사이트

국 내 사 이 트

국가인권위원회 www.humanrights.go.kr

국제사면위원회 한국지부 www.amnesty.or.kr

남북어린이어깨동무 www.okedongmu.or.kr

녹색연합 www.greenkorea.org

문화재청 www.ocp.go.kr

아프리카미술박물관 www.africamuseum.org

외국인노동자의 집/중국동포의 집 www.migrantworkers.org

유네스코 한국위원회 www.unesco.or.kr

유니세프 한국위원회 www.unicef.or.kr

유엔난민고등판무관 서울사무소 www.unhcr.or.kr

유엔환경계획 한국위원회 www.unep.or.kr

인권운동사랑방 www.sarangbang.or.kr

장애우권익문제연구소 www.cowalk.or.kr

중남미문화원 www.latina.or.kr

지구촌민속박물관 www.jiguchonmuseum.org

지방의제21 전국협의회 www.la21.or.kr

지속가능발전위원회 www.pcsd.go.kr

평화를 만드는 여성회 www.peacewomen.or.kr

평화인권연대 peace.jinbo.net

한국관광공사 www.knto.or.kr

한국국방연구원 세계분쟁사이트 www.kida.re.kr/woww

한국여성개발원 www.kwdi.re.kr

한국여성단체연합 www.women21.or.kr

한국인권재단 www.humanrights.or.kr

한민족네트워크 www.hanminjok.net

환경운동연합 www.kfem.or.kr

해 외 사 이 트

관용박물관(Museum of Tolerance) www.museumoftolerance.com

국경 없는 의사회(Médecins Sans Frontières, MSF) www.msf.org

국제노동기구(International Labour Organization, ILO) www.ilo.org

국제사면위원회(Amnesty International) www.amnesty.org

국제세계화포럼(International Forum on Globalization, IFG) www.ifg.org

국제식량농업기구(Food and Agriculture Organization, FAO) www.fao.org

국제인권연맹(International Federation for Human Rights, FIDH) www.fidh.org

국제지뢰금지운동(International Campaign to Ban Landmines, ICBL) www.icbl.org

국제 지속 가능한 발전 연구소(International Institute for Sustainable Development, IISD) www.iisd.org

국제평화국(International Peace Bureau, IPB) www.ipb.org

국제평화단(Peace Brigades International, PBI) www.peacebrigades.org

그린피스(Greenpeace) www.greenpeace.org

글로벌 익스체인지(Global Exchange) www.globalexchange.org

남아프리카공화국 진실과 화해 위원회(South African Truth and Reconciliation Commission, TRC) www.truth.org.za

녹색학교(Green Schools) www.greenschools.ca

미국군축협회(Arms Control Association, ACA) www.armscontrol.org

미국 세계교육포럼(American Forum for Global Education, TAF) www.globaled.org

미국평화연구소(United States Institute of Peace, USIP) www.usip.org

미국 홀로코스트 기념 박물관(United States Holocaust Memorial Museum) www.ushmm.org

세계경제포럼(World Economic Forum) www.weforum.org

세계사회포럼(World Social Forum, WSF) www.worldsocialforum.org

세계시민연합(Association of World Citizens, AWC) www.worldcitizens.org

세계야생동물기금(World Wildlife Fund, WWF) www.wwf.org

세계의 발자국(Global Footprints) www.globalfootprints.org

세계펜팔(World Pen Pals) www.world-pen-pals.com

세계학교(Global Schools) www.globalschools.org.uk

옥스팜(Oxfam International) www.oxfam.org

온라인으로 잇는 하나의 세상(OneWorld Online, OWO) www.oneworld.net

원자폭탄박물관(A-Bomb WWW Museum) www.csi.ad.jp/ABOMB

유엔(United Nations, UN) www.un.org

유엔개발계획(United Nations Development Programme, UNDP) www.undp.org

유엔교육과학문화기구(United Nations Educational, Scientific and Cultural Organization, UNESCO) www.unesco.org

유엔난민고등판무관사무소(Office of the United Nations High Commissioner for Refugees, UNHCR) www.unhcr.ch

유엔사이버스쿨버스(United Nations Cyberschoolbus) www.un.org/Pubs/CyberSchoolBus

유엔아동기금(United Nations Children's Fund, UNICEF) www.unicef.org

유엔여성발전국(United Nations Division for the Advancement of Women)
  www.un.org/womenwatch/daw

유엔인구활동기금(United Nations Fund for Population Activities, UNFPA)
  www.unfpa.org

유엔인권고등판무관사무소(Office of the High Commissioner for Human Rights,
  OHCHR) www.unhchr.ch

유엔 인종차별 철폐를 위한 세계회의(World Conference Against Racism)
  www.un.org/WCAR

유엔지속가능발전국(United Nations Division for Sustainable Development)
  www.un.org/esa/sustdev

유엔평화유지국(United Nations Department of Peacekeeping Operations)
  www.un.org/depts/dpko

유엔환경계획(United Nations Environment Programme, UNEP) www.unep.org

유엔환경계획-세계보존감시센터(World Conservation Monitoring Centre, UNEP-
  WCMC) www.unep-wcmc.org

인권교육을 위한 아시아 · 태평양지역연구센터(Asian-Pacific Regional Resource Center
  for Human Rights Education, ARRC) www.arrc-hre.com

인권 워치(Human Rights Watch, HRW) www.hrw.org

인권인터넷(Human Rights Internet, HRI) www.hri.ca

인종주의철폐운동(Racism. No Way!) www.racismnoway.com.au

지구의 벗(Friends of the Earth) www.foe.org

지구평의회(The Earth Council) www.ecouncil.ac.cr

초국적연구소(Transnational Institute, TNI) www.tni.org

평화를 위한 헤이그의 호소(Hague Appeal for Peace, HAP) www.haguepeace.org

평화와 자유를 위한 국제여성연맹(Women's International League for Peace and
  Freedom, WILPF) www.wilpf.org

평화행동(Peace Action) www.peace-action.org

히로시마 평화 기념 박물관(Hiroshima Peace Memorial Museum)
  www.pcf.city.hiroshima.jp

세계 기념일

2월

21일   세계 모어(母語)의 날(International Mother Language Day)

3월

8일   세계 여성의 날(International Women's Day)

21일   세계 인종 차별 철폐의 날(International Day for the Elimination of Racial Discrimination)

22일   세계 물의 날(World Day for Water)

4월

7일   세계 보건의 날(World Health Day)

5월

15일   세계 가정의 날(International Day of Families)

21일   대화와 발전을 위한 세계 문화 다양성의 날(World Day for Cultural Diversity for Dialogue and Development)

22일   세계 생물 다양성의 날(International Day for Biological Diversity)

25일   아프리카 해방의 날(Africa Day)

6월

4일   세계 침략 희생 아동의 날(International Day of Innocent Children Victims of Aggression)

5일   세계 환경의 날(World Environment Day)

17일   세계 사막화와 가뭄 방지의 날(World Day to Combat Desertification and Drought)

20일   세계 난민의 날(World Refugee Day)

26일   유엔 세계 고문 희생자를 위한 날(United Nations International Day in Support of Victims of Torture)

7월

11일   세계 인구의 날(World Population Day)

8월

6일   히로시마의 날(Hiroshima Day)

9일   세계 원주민의 날(International Day of the World's Indigenous People)

23일   세계 노예 무역 철폐 기념의 날(International Day for the Rememberance of the Slave Trade and its Abolition)

9월

16일   세계 오존층 보호의 날(International Day for the Preservation of the Ozone Layer)

21일   세계 평화의 날(International Day of Peace)

10월

1일   세계 노인의 날(International Day of Older Persons)

16일   세계 식량의 날(World Food Day)

17일   세계 빈곤 퇴치의 날(International Day for the Eradication of Poverty)

24일   유엔의 날(United Nations Day)

첫째 월요일   세계 인간 정주(定住)의 날(World Habitat Day)

둘째 수요일   세계 자연 재해 감소의 날(International Day for Natural Disaster Reduction)

11월

10일   평화와 발전을 위한 세계 과학의 날(World Science Day for Peace and Development)

16일   세계 관용의 날(International Day for Tolerance)

25일   세계 여성 폭력 추방의 날(International Day for the Elimination of Violence against Women)

29일   세계 팔레스타인 민족 단결의 날(International Day of Solidarity with the Palestinian People)

12월

3일   세계 장애인의 날(International Day of Disabled Persons)

10일   인권의 날(Human Rights Day)

18일   세계 이민자의 날(International Migrant' s Day)

유네스코 세계 문화 다양성 선언
UNESCO Universal Declaration on Cultural Diversity

2001년 11월 2일, 파리에서 열린 유네스코 제31차 총회에서 채택

유네스코 총회는,

세계 인권 선언, 그리고 시민권과 정치권에 관한 내용과 경제 · 사회 · 문화적 권리에 대해 언급한 1966년의 두 가지 국제 규약과 같은 기타 국제적으로 승인된 규약에서 천명된 인권과 기본 자유의 충실한 이행을 확약하고,

유네스코 헌장 서문에서 "문화의 광범위한 전파와 정의 · 자유 · 평화를 위한 인류의 교육은 인간의 존엄에 꼭 필요하며, 모든 국가가 상호 지원과 관심의 정신으로 완수해야 할 신성한 의무이다."라고 명시한 바를 상기하며,

다른 여러 목적들 가운데 특히 '문자와 이미지에 의한 생각의 자유로운 흐름을 증진하기 위해 필요한 국제 협정'을 권고한다는 유네스코 헌장 제1조를 재삼 상기하고,

유네스코가 제정한 국제 규약에서 문화 다양성과 문화권의 실천에 관련된 규정을 참조하며,

문화는 사회 혹은 사회적 집단의 특유한 정신적 · 물질적 · 지적 · 감성적 특성의 총체로 간주되어야 한다는 것과 문화는 예술 및 문학뿐만 아니라 생활양식, 공존의 방식, 가치 체계, 전통 그리고 신념을 포함한다는 것을 재확인하고,

문화는 정체성, 사회 단결 및 지식 기반 경제의 발전에 대한 동시대적 논의의 중심에 있음을 인식하며,

상호 신뢰와 이해의 여건 속에서 문화의 다양성, 관용, 대화 및 협력을 존중하는 것이 국제 평화와 안전을 보장하기 위한 최선책임을 확인하고,

문화 다양성의 인식, 인류 화합에 대한 자각 및 문화 간 교류의 발전을 기반으로 한 더욱 커다란 연대를 소망하며,

새로운 정보 · 통신 기술의 급속한 발전에 힘입은 세계화 과정이, 문화 다양성에 대한 도전일지라도, 문화와 문명 간의 새로운 대화를 위한 조건을 형성한다는 것을 고려하고,

유엔 체제 중에서 문화의 풍성한 다양성의 보호와 증진을 위해 유네스코에 부여된 특별한 임무를 인식하여,

아래 기본 조항으로 구성된 선언을 채택한다.

정체성, 다양성 그리고 다원주의

제1조 문화 다양성 : 인류의 공동 유산

문화는 시간과 공간을 초월하여 다양하게 나타난다. 이러한 다양성은 인류를 구성하는 집단과 사회의 정체성의 독창성과 다원성 속에서 구현된다. 생물 다양성이 자연에 필수 불가결한 요소인 것처럼, 문화 다양성은 인류에게 있어 교류, 혁신, 창조성의 근원으로 작용한다. 이러한

의미에서, 문화 다양성은 인류의 공동 유산이며, 현재와 미래 세대를 위한 혜택으로서 인식되고 보장되어야 한다.

제2조 문화 다양성에서 문화 다원주의로

점차 다양화되는 우리 사회에서는, 공존에 대한 의지와 더불어 다원적이고 다양하며 역동적인 문화 정체성을 지닌 사람들과 집단들 사이의 조화로운 상호 작용을 보장하는 것이 필수적이다. 모든 시민을 포용하고 그들을 참여시키는 정책은 사회적 단결과 시민 사회의 역동성 및 평화를 위한 선행 조건이므로, 문화 다원주의는 문화 다양성의 실현을 위한 기반인 것이다. 그 성격상 민주주의와 밀접한 관련을 맺고 있는 문화 다원주의는 문화 교류 그리고 공공의 삶을 유지하는 창조적인 역량을 풍성하게 하는 데 이바지할 수 있다.

제3조 발전을 위한 요소로서의 문화 다양성

문화 다양성은 모든 이에게 개방된 선택의 범위를 넓혀 준다. 발전을 위한 근간 중 하나인 문화 다양성은, 단지 경제 성장의 관점에서뿐만 아니라 좀더 충분한 지적 · 감성적 · 윤리적 · 정신적 생활을 성취하기 위한 수단으로 이해되어야 한다.

문화 다양성과 인권

제4조 문화 다양성을 위한 조건으로서의 인권

문화 다양성의 방어는 인간 존엄성의 존중인 동시에 인류가 수행해야 할 윤리적인 의무이다. 인권과 기본적인 자유를 보호해야 하며, 특히 그중에서도 소수자나 원주민들의 권리를 수호하는 데 노력해야 한다. 어느 누구도 국제법으로 보장하는 인권을 침해하거나 그 영역을 제한하는 데 문화 다양성을 이용할 수 없다.

제5조 문화 다양성을 가능하게 하는 기반으로서의 문화권(文化權)

문화권은, 보편적이고 분리할 수 없으며 상호 의존적인 인권의 필수적인 구성 요소이다. 창조적인 다양성을 풍성하게 하기 위해서는 세계 인권 선언 제27조, 그리고 경제 · 사회 · 문화적 권리에 대한 국제 규약 제13조와 제15조에 명시된 문화권이 온전히 실현되어야 한다. 모든 이는 자신이 선택한 언어로, 특히 모국어로 자신을 표현하고 자신의 작품을 창조하고 보급할 자유를 누릴 수 있어야 하고, 자신의 문화적 정체성을 전적으로 존중하는 양질의 교육과 훈련을 받을 권리가 있으며, 인권과 기본 자유를 보장받으면서 자신의 선택하에 문화 생활에 참여하고 문화 활동을 영위할 수 있어야 한다.

제6조 모든 이를 위한 문화 다양성

문자와 이미지로 된 생각의 자유로운 흐름을 보장하는 동시에, 모든 문화가 자신을 표현하고 알릴 수 있도록 하는 조치가 마련되어야 한다. 표현의 자유, 매체 다원주의, 다언어주의, 디지털 형식을 포함한 예술과 과학적 · 기술적 지식에 대한 동등한 접근 및 모든 문화에 표현과 보급의 수단에 대한 접근을 보장하는 것 등은 문화 다양성을 지키기 위한 방책이다.

문화 다양성과 창의성

제7조 창의성의 원천으로서의 문화 유산

창조는 문화적 전통에 의존하는 동시에, 다른 문화와의 접촉을 통해서 풍성해진다. 이러한 이유에서, 우리는 인간의 경험과 염원의 기록인 모든 형태의 유산을 보존 및 강화하고 미래 세대에게 전달함으로써, 다양성을 지닌 창의성을 고양하고 진정한 문화 간 대화를 고무할 수 있다.

제8조 문화 상품과 서비스의 특수성

창조와 혁신의 가능성을 증폭시킨 오늘날의 경제적 · 기술적 변화의 시기를 맞이하여, 창작품의 공급을 다양화하고, 작가와 예술가의 권리를 적절히 인정하며, 정체성 · 가치 · 의미의 척도로 작용하는, 단순한 상품이나 소비재로 취급해서는 안 되는 문화 상품과 서비스의 특수성을 배려해야 한다.

제9조 창의성의 촉매로서의 문화 정책

문화 정책은 사상과 작품의 자유로운 흐름을 보장하고, 다양한 문화 상품과 서비스의 생산 및 보급에 기여할 수 있는 지역 및 지구적 차원의 문화 산업의 발전을 도와야 한다. 각 국가는 국제적인 의무를 지키며, 운영 지원 혹은 적절한 규제 등의 수단을 통해 문화 정책을 규정하고 실천해야 한다.

문화 다양성과 국제 연대

제10조 범지구적 창조 및 보급 역량의 강화

현재 세계의 문화 상품 및 서비스는 유통과 교역의 불균형에 직면하고 있어, 모든 국가, 특히 개발도상국과 전환기에 있는 국가들을 대상으로 국제 협력과 연대를 강화하여 국가적 · 국제적으로 생존력 있고 경쟁력 있는 문화 산업을 설립하는 것이 필요하다.

제11조 공공 분야, 민간 분야, 시민 사회 사이의 협력 강화

시장성만으로는 지속 가능한 인간 발전의 핵심 요소인 문화 다양성을 보호하고 증진할 수 없으며, 이러한 의미에서 민간 분야와 시민 사회와의 협력을 통한 공공 정책이 강조되어야 한다.

제12조 유네스코의 역할

유네스코는 그 위임과 기능에 의거해, 다음과 같은 활동을 할 책임을 가진다.

a. 다양한 정부 간 기구의 발전 전략이 이 선언의 기본 원칙을 수용하도록 촉진한다.

b. 문화 다양성을 위한 개념, 목표 그리고 정책을 정교화하기 위해 국가, 정부 간 · 비정부 간 국제 기구, 시민 사회, 민간 분야가 함께 참여할 수 있는 토론의 장으로 기능한다.

c. 유네스코의 권한 내에서, 이 선언과 관련된 분야의 기준 설정, 인식 제고, 역량 강화를 위한 활동을 전개한다.

d. 이 선언에 첨부된 실행 계획을 달성하기 위해 노력한다.

참고 문헌

I 살아 있는 문화, 움직이는 문화

김중순, 『문화를 알면 경영전략이 선다』, 일조각, 2001.

로라 보하난, 「티브족, 셰익스피어를 만나다」, 한국문화인류학회 편, 『낯선 곳에서 나를 만나다—문화인류학 맛보기』, 일조각, 1998.

유철인, 「변화하는 세계와 인류학」, 한국문화인류학회 편, 『처음 만나는 문화인류학』, 일조각, 2003.

쟝 피에르 바르니에, 주형일 옮김, 『문화의 세계화』, 한울, 2000.

한건수, 「세계화와 문화변동 : 탈영토화, 초문화화 그리고 크레올화」, 강원대학교 사회과학연구소 편, 『세계화와 사회변동』, 강원대학교 출판부, 2002.

한경구, 「문명의 충돌과 문화상대주의」, 유네스코 아시아 · 태평양 국제이해교육원, 『국제이해교육』 2002 봄호(통권 6호).

홉스보옴 · 랑거 편, 최석영 옮김, 『전통의 날조와 창조』, 서경문화사, 1996.

II 동 · 서양의 만남과 세계화

시드니 민츠, 김문호 옮김, 『설탕과 권력』, 지호, 1998.

안드레 군더 프랑크, 이희재 옮김, 『리오리엔트』, 이산, 2003.

에릭 울프, 이정덕 옮김, 『유럽, 그리고 역사를 갖지 못한 사람들』, 한길사, 근간.

이옥순, 『우리 안의 오리엔탈리즘』, 푸른역사, 2002.

클라이브 폰팅, 이진아 옮김, 『녹색세계사』, 그물코, 2003.

III 차별 없는 세상 만들기

김은실, 「몸을 통해 문화를 본다」, 한국문화인류학회 편, 『처음 만나는 문화인류학』, 일조각, 2003.

변주나, 「1992년 로스앤젤레스 시민소요 관련 한국계 미국인 사회의 피해설과 해결방안」, 재외한인연구회, 『재외한인연구』 제6호, 1996.

변주나, 「화병, 1992년 LA 폭동의 정치 · 경제적 공모와 한국계 미국인 피해자들의 속죄양 증후군」, 재외한인연구회, 『재외한인연구』 제5호, 1995.

윤인진, 「소수 차별의 메커니즘」, 『사회비평』 2000년 가을 특별호.

이신화, 「탈북자와 인간안보」, 『계간사상』 제13권 제2호(여름호), 2001.

조혜정, 「여성성과 남성성」, 한국문화인류학회 편, 『처음 만나는 문화인류학』, 일조각, 2003.

존 반 윌리건 · 브이 시 찬나, 「지참금에 죽는 인도 여성」, 한국문화인류학회 편, 『낯선 곳에서 나를 만나다―문화인류학 맛보기』, 일조각, 1998.

한건수, 「우리는 누구인가 : 민족, 종족, 인종」, 한국문화인류학회 편, 『처음 만나는 문화인류학』, 일조각, 2003.

황익주, 「차이와 불평등」, 한국문화인류학회 편, 『처음 만나는 문화인류학』, 일조각, 2003.

IV 평화, 멀지만 가야 할 길

나폴레옹 샤뇽, 양은주 옮김, 『야노마모―에덴의 마지막 날들』, 파스칼북스, 2003.

로저 키징, 전경수 옮김, 『현대문화인류학』, 현음사, 1985.

이란주, 『말해요, 찬드라』, 삶이보이는창, 2003.

이케다 가요코 구성, C. 더글러스 루미즈 영역, 한성례 옮김, 『세계가 만일 100명의 마을이라면』, 국일미디어, 2002.

홍세화, 『나는 빠리의 택시운전사』, 창작과비평사, 1995.

V 음식 문화와 지속 가능한 발전

마빈 해리스, 서진영 옮김, 『음식문화의 수수께끼』, 한길사, 1998.

사토 요시유키 편저, 유보경 옮김, 『부엌에서 세상이 보인다』, 앎과 함, 1989.

아마티아 센, 이상호 · 이덕재 옮김, 『불평등의 재검토』, 한울, 1999.

오누키 에미코, 박동성 옮김, 『쌀의 인류학』, 소화, 2001.

제레미 리프킨, 신현승 옮김, 『육식의 종말』, 시공사, 2002.

조지 리처, 김종덕 옮김, 『맥도날드 그리고 맥도날드화―유토피아인가, 디스토피아인가』, 시유시, 2002.

존 로빈스, 이무열 옮김, 『육식―건강을 망치고 세상을 망친다』(1, 2), 아름드리미디어, 2000.

Atkins, Peter & Ian Bowler, *Food in Society: economy, culture, geography*, London · New York: Arnold, 2001.

Beardsworth, Alan & Teresa Keil, *Sociology on the Menu: An Invitation to the Study of Food and Society*, London · New York: Routledge, 1997.

Brown, Lester, *Who Will Feed China?: Wake-Up Call for a Small Planet*, New York: W.W. Norton & Co., 1995.

Sen, Amartya, *Poverty and Famines: An Essay on Entitlement and Deprivation*, Oxford: Clarendon Press; New York: Oxford Univ. Press, 1981.

사진 목록

연구 및 집필진	**이삼열** 전 유네스코 아시아태평양 국제이해교육원 원장
	한경구 서울대학교 자유전공학부 교수
	김영훈 이화여자대학교 국제대학원 교수
	유철인 제주대학교 철학과 교수
	이시재 가톨릭대학교 사회과학부 명예교수
	이신화 고려대학교 정치외교학과 교수
	이태주 한성대학교 기초교양교육과정 교수
	한건수 강원대학교 문화인류학과 교수
	김종훈 유네스코 아시아태평양 국제이해교육원 실장
자문위원	**강순원** 한신대학교 심리아동학부 교수
	정두용 전 한국국제이해교육학회 회장
	조난심 전 한국교육과정평가원 부원장
	한준상 연세대학교 교육학부 명예교수
검토위원	**김다원** 광주교육대학교 사회과교육과 교수
	박상용 서울 대원고등학교 교사
	전홍수 오산 운암고등학교 교사
	정용민 서울 월계고등학교 교사
	추진숙 인천 삼산고등학교 교사

함께 사는 세상 만들기 — 다문화 시대의 국제이해교육

ⓒ 유네스코 아시아태평양 국제이해교육원, 2004

1판 1쇄 펴낸날 2004년 2월 28일
1판 2쇄 펴낸날 2006년 6월 30일
1판 3쇄 펴낸날 2009년 6월 15일
1판 4쇄 펴낸날 2017년 2월 28일

편자	**유네스코 아시아태평양 국제이해교육원**
	주소_08289 서울특별시 구로구 새말로 120
	전화_02-774-3956 팩스_02-774-3957
	홈페이지_www.unescoapceiu.org
디자인	**조혁준**
일러스트레이션	**왕지성**
펴낸이	**김시연**
펴낸곳	**(주)일조각**
	등록_1953년 9월 3일 제300-1953-1호(구 : 제1-298호)
	주소_03176 서울시 종로구 경희궁길 39
	전화_02-734-3545 / 02-733-8811(편집부)
	02-733-5430 / 02-733-5431(영업부)
	팩스_02-735-9994(편집부) / 02-738-5857(영업부)
	e-mail_ilchokak@hanmail.net
	홈페이지_www.ilchokak.co.kr
	ISBN 978-89-337-0452-3 53300
	값 10,000원

* 이 책은 유네스코 아시아태평양 국제이해교육원이 교육인적자원부의 지원을 받아 개발하였습니다.

* 이 도서의 국립중앙도서관 출판시도서목록(CIP)은 e-CIP 홈페이지(http://www.nl.go.kr/cip.php)에서 이용하실 수 있습니다.(CIP 제어번호 : CIP2004000460)